Inga Heckmann

Das kleine Buch vom guten Morgen

Die besten Yoga-Übungen, Rituale und Rezepte für den Start in den Tag

Guten Morgen?!	10

Investition in einen guten Morgen — 14

Die besten Dinge im Leben	16
Sinn-volle Rituale	17
Asien macht uns was vor	18
Kostenfreies Investment	19
Kondition(ierung) für das Nervensystem	20

Der Morgen beginnt am Abend — 22

Alles auf Anfang	24
Gestörter Schlaf stört enorm	25
Moderne Schlafzeiten	27
Die müssen draußen bleiben	28
Das Gehirn sieht blau	29
Wie und wann man sich bettet …	30
Die Qualen der Jugend	35
Jugend braucht Schlaf	36
Typen gibt's	37
Was nun?	39
Listig vor der Nachtruhe	40
Ordnung hüten	43
Illusion und Wirklichkeit	44
Entspannung – allein und gemeinsam	45
Abendaus-klang	46
Der Schlaf der Yogis – Yoga Nidra	47
Von der Routine zum Ritual	49
Vorbereitung ist alles	50

INHALT

Yoga, Yoga, Yoga ... — 51
- Spüren aus dem Stand — 52

Bettyoga — 54
- Augentrost — 55
- Happy Hips — 59
- Ein Krokodil im Bett — 60
- Endlich die Füße hochlegen — 62
- Einfach atmen — 64

Mit Leichtigkeit in den Morgen — 66

Technikfuhrpark zur Schlafanalyse? — 68
- Ein Lichtblick — 70
- Aufstehen nach Jahreszeiten — 70

Auftauchen im Kopf — 74
- Katzen haben recht — 75

Yoga – immer noch im Bett — 76
- Das entspannte Krokodil — 79

Erst mal tief ins Glas gucken — 80

Die Duschfrage – morgens oder abends? — 84

Von der Matratze auf die Matte — 85
- Energie aus der Erde tanken — 87
- Frei werden mit Freestyle — 88
- Wirbelsäulenglück — 91
- Der glückliche Hund — 94

Ein Flow für jede Lebenslage — 99
- Energie und Motivation — 100
- Standhaftigkeit und Durchsetzungsvermögen — 103
- Gelassenheit und innere Ruhe — 106

Atmen und Sitzen machen fit — 112
- Links, rechts, links, rechts — 113

Glaub nicht, was du denkst — 115
- Aller meditativen Dinge sind drei — 117

Das muss sitzen	119
Nach innen und außen lauschen	**120**
Einfach nur schauen macht kreativ	125
Musik macht glücklich	**127**
Zurück zu den Wurzeln	128
Einmal durch die Chakras singen	130
Frühstücken – nur wie?	**134**
Digital Detox	135
Bewusst entscheiden	138
Frühstück nach Jahreszeiten	139
Wärmespender im Winter	139
Spielwiese Obstsalat	143
Butter de luxe	144
Handgemachte Unterlage	146
Pikantes Obst	147
Frühstück über Nacht	150
Tee oder Kaffee?	**151**
Morgenstund hat öfter mal Blei im Mund	**155**
Öffne dein Herz für dich	156

Schritt für Schritt zur Morgenroutine … 160

Strukturierte Annäherung	**162**
Yoga: Es gibt nichts Gutes …	162
Meditation – jede Minute zählt	163
Sieben-Tage-Chakrareise	164
Einfach aufschreiben	165
Das Beste zum Schluss: Träume beachten und leben	166
Zum Weiterlesen	168
Danke!	171

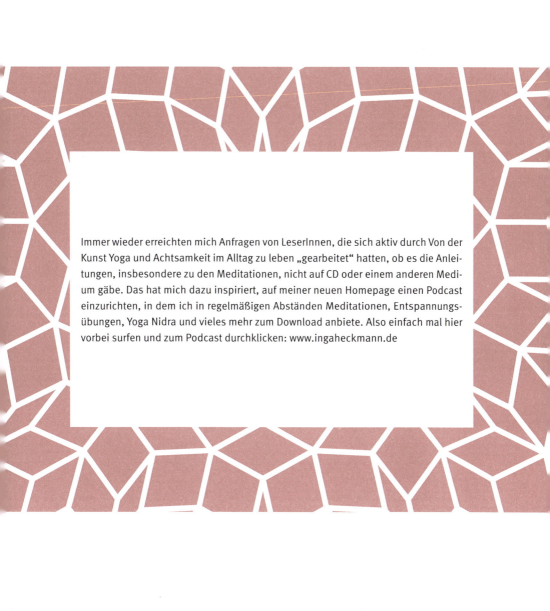

Immer wieder erreichten mich Anfragen von LeserInnen, die sich aktiv durch Von der Kunst Yoga und Achtsamkeit im Alltag zu leben „gearbeitet" hatten, ob es die Anleitungen, insbesondere zu den Meditationen, nicht auf CD oder einem anderen Medium gäbe. Das hat mich dazu inspiriert, auf meiner neuen Homepage einen Podcast einzurichten, in dem ich in regelmäßigen Abständen Meditationen, Entspannungsübungen, Yoga Nidra und vieles mehr zum Download anbiete. Also einfach mal hier vorbei surfen und zum Podcast durchklicken: www.ingaheckmann.de

GUTEN MORGEN?!

Vogelgezwitscher, früher Morgen, die Sonne scheint durch luftige, zart getönte Vorhänge in ein gemütliches Zimmer hinein. In der Mitte des Raumes steht ein Himmelbett, dekoriert mit seidigen, durchsichtigen Stoffen, die Kamera fährt auf das Bett zu. Darin liegt eine wohlig Schlafende.

Ah, was für ein wunderbarer Morgen! Die schöne Blondine im opulent mit weichen Kissen und feiner, cremefarbener Bettwäsche ausgestatteten Bett öffnet die lavendelblauen Augen. Sie sieht erfrischt aus, hat rosige Haut, strahlende Augen und glänzendes Haar. Sie blickt mit offensichtlichem Optimismus und tief empfundener Freude in die Welt, streckt und rekelt sich, schwingt elegant und dynamisch ihren von Yoga definierten Luxuskörper aus dem Bett, voller Energie und trotzdem völlig entspannt ...

Quiiiieeeetsch, das hässliche Geräusch einer Nadel, die über eine Platte schrammt, zerreißt die Idylle ...

VORWORT

Schnitt: Nun liegt unsere Blondine in einem zerwühlten Bett, die ungewaschenen Haare wirr, der Blick verschlafen, die Augen verquollen, das Gesicht ebenso zerknittert wie die Bettwäsche. Ein konsequenter Nieselregen aus bleigrauem Himmel verhängt die Sicht aus dem Fenster. Die Glieder zu strecken und sich zu rekeln kommt gar nicht infrage, da stecken noch der lange und anstrengende gestrige Arbeitstag und die halbe Flasche Wein vom Vorabend drin. Mit einem leichten Kopfschmerz wird diesem Vorabend Tribut gezollt, verstärkt wird er noch durch die mangelnde Vorfreude auf einen weiteren mit Terminen und Arbeit vollgestopften Tag. Die Gedankenflut, die mit dem Kopfschmerz sofort über die ermattete Protagonistin hereinbricht, verheißt nur eins: Stress, Stress, Stress!

Zwei extreme Szenarien – beide vermutlich nicht deine tägliche Realität. Die Wahrheit liegt wie immer irgendwo dazwischen: Mal beginnt ein Tag ganz nett, die Sonne scheint tatsächlich und du bist halbwegs ausgeschlafen, spürst einigermaßen Motivation, dich ins Geschehen zu stürzen. Und manchmal eben nicht, da tut alles weh, und du fühlst dich schwergängig wie ein rostiger Karren.

Damit deine Tage künftig immer häufiger dem ersten Szenario gleichen, habe ich in diesem Buch Tipps und Tricks zusammengetragen, die leicht umsetzbar sind und den Unterschied machen können zwischen einem guten und einem miserablen Morgen. Auf dass dein Tag schon mal angenehm beginne und auch so weitergehen möge! Denn was beeinflusst den Verlauf deines Tages und somit Lebens mehr als ein guter Morgen? Nicht umsonst sagt der Volksmund, man sei mit dem »linken Fuß« aufgestanden und deswegen den Rest des Tages unleidlich. Da es aber mein persönliches Anliegen ist, diese Welt jeden Tag ein bisschen besser zu machen, indem ich gute Laune verbreite, versuche ich schon am Morgen, meine eigene Welt(sicht) ein wenig zu verbessern. Mit diesem Buch möchte ich auch anderen eine kleine Hilfestellung geben, die Morgenstimmung aufzuhellen.

Dabei geht es mir überhaupt nicht darum, dir ein festes Programm ans Bein zu binden, das du von nun an durchziehen musst. Weit gefehlt! Mir geht es darum, dich zu ermuntern, bewusste Entscheidungen zu treffen. Selbstbeobachtung und Motivationsforschung halte ich für viel wichtiger, als sich irgendwelchen hippen Selbstoptimierungsvorschriften zu unterwerfen. Wir treffen am Tag Zigtausende von Entscheidungen, die meisten davon absolut unbewusst. Mit dem Einüben von Achtsamkeit werden aus dieser Masse von automatisierten Entscheidungen bewusste, deiner inneren Ausrichtung und Befindlichkeit entsprechende Entscheidungen – für mich ein Teil dessen, was Glück ausmacht.

Was den Morgen und seine Tücken angeht, habe ich Erfahrung, denn meine Geschichte des qualvollen Morgens ist lang: Von einer notorischen Nachteule und einem totalen Morgenmuffel habe ich mich inzwischen zu einer waschechten Frühaufsteherin gewandelt. Was jetzt nicht bedeutet, dass du unbedingt im Morgengrauen auf der Matte stehen musst – nein, das ist eine ganz individuelle Sache. Nicht jede und jeder hat Spaß am frühen Aufstehen, und das ist auch nicht verhandelbar, sondern schlicht Veranlagung. Mit welchen Augen du deinen Morgen betrachtest – verquollen, genervt, müde und auf Kaffee-Entzug oder ausgeruht und optimistisch –, hängt allerdings von verschiedenen Faktoren ab, die du sehr wohl selbst beeinflussen kannst.

In meinem ersten Buch *Von der Kunst, Yoga & Achtsamkeit im Alltag zu leben* habe ich versucht, einen ganzen Tagesablauf zu skizzieren, an dem du mithilfe von Yoga und leichten Achtsamkeitsübungen Stress vermindern, Energie tanken und deinem vom langen Sitzen oder Stehen ermüdeten Körper etwas Gutes tun kannst. In diesem Buch versuche ich, dir ein paar Tricks und Anregungen zu vermitteln, die es dir ermöglichen, deinen Tag in aller Frische und Achtsamkeit zu erleben. Von Augenblick zu Augenblick – denn es ist das Jetzt, in dem das Leben stattfindet und das zählt. Wenn du es schaffst, für ein paar Minuten – und mit etwas Übung auch für längere Zeit – bei deinem Atem, in deinem Körper und in deinem Leben anzukommen, wird es sich deutlich verbessern – glaub mir!

Gerade am frühen Morgen liegen die Chancen für das Jetzt vor uns ausgebreitet. Aus dem geheimnisvollen Reich des Schlafs in die Alltagswelt zurückgekehrt, ist der Geist noch frisch, und du kannst vieles ausprobieren und erfahren, dich selbst erforschen und einen neuen Weg zu dir finden. Wir Menschen auf diesem Planeten haben schließlich eine ganz wunderbare Eigenschaft verpasst bekommen: Wir können unser Leben in oft ungeahnter Weise und zu einem großen Teil selbst gestalten.

Das Leben beginnt auch nicht erst am Morgen: Ich möchte dich mit diesem Buch ermuntern, den Morgen schon am Abend zuvor einzuleiten und bewusst die Entscheidung für eine gute Nacht und einen guten Morgen zu treffen. Kleine Atem- und Achtsamkeitsübungen, die du vor dem Einschlafen durchführen kannst, Übungen, die sich für das Aufwachen anbieten und die nicht viel Zeit kosten, kurze Rituale, unaufwendige Yogaflows, leckere Frühstücksrezepte, Tipps für einen guten Schlaf und einfache Meditationen – all das soll dich inspirieren, den Morgen und den Abend davor als Chance und Basis für einen wunderbaren Tag zu betrachten. Ich habe mich ganz pragmatisch an die alltagstauglichen, leicht einbaubaren Dinge gehalten – wenn du mehr wissen, forschen und erfahren willst, habe ich dir im Anhang eine kleine Liste mit Büchertipps und Links zusammengestellt. Viel Spaß beim Ausprobieren, Dazuerfinden, Verwerfen – und insbesondere beim Aufstehen!

1

INVESTITION
IN EINEN
GUTEN MORGEN

INVESTITION
IN EINEN
GUTEN MORGEN

DIE BESTEN DINGE IM LEBEN

Es ist eine banale, aber eine Weisheit: Es sind die kleinen Dinge, die uns glücklich machen. Ein Guten-Morgen-Kuss des oder der Liebsten, eine Tasse frisch gebrühter Tee oder Kaffee, Sonnenschein und Vogelgezwitscher, das Lächeln auf dem Gesicht deines Kindes, das Geräusch von Regen auf dem Dach, Blumenduft und Musik, die uns an etwas Schönes erinnert. The best things in life are free, sagt man auf Englisch, die besten Dinge im Leben sind kostenlos. Um diese schönen Dinge genießen zu können, müssen wir sie aber auch erkennen – und da hakt es meistens im Leben des gehetzten und gestressten Menschen. Wir müssen uns den Lebensgenuss regelrecht zurückerobern, uns aus der Routine des Hamsterrades befreien, um wieder bei uns selbst und dem Bewusstsein für den unschätzbaren Wert des Lebens anzukommen.

Allzu oft merke ich, wie ich selbst durchs Leben rausche, immer die Hand am Smartphone, in Gedanken an die unmittelbare und weitere Zukunft, den nächsten Termin, das nächste Kapitel im Buch, den nächsten Yogakurs, die nächste Steuererklärung. Dabei bedarf es nicht viel, wieder in der Gegenwart, im Hier und Jetzt anzukommen. Wir müssen dafür nur unsere

Sinne gebrauchen, die uns auf das, was im Moment geschieht, zurückführen: den eigenen Atem beobachten, Geräuschen lauschen, den Wind auf der Haut spüren. Und das können wir jederzeit tun, denn unsere Sinne tragen wir schließlich immer bei uns.

SINN-VOLLE RITUALE

Unsere Sprache weist uns darauf hin: Wir sind von Sinnen, besinnungslos, unsere Sinne sind betäubt, wir verlieren den Sinn des Ganzen immer mehr aus den Augen, aus den Augen, aus dem Sinn. Für manch einen oder eine bestehen Entspannung und Genuss dann in Betäubung mit Alkohol, Zigaretten, Fernsehen, übermäßigem Essen und schnellem Sex. Kurz, mit all dem, was sich der Mensch so alles einfallen lässt, um sich selbst und dem Alltag oder unangenehmen Gefühlen zu entfliehen.

Es sieht so aus, als seien dies mehr oder weniger moderne Rituale der Sinnsuche, der Sinnlichkeit und der Sinnesbetäubung, die meist schon in der Jugend kultiviert werden. Was die Ursache für all diese Ausflüchte sein mag, hat schon andere Bücher gefüllt. Mein Anliegen mit diesem Buch ist es, neue Rituale, religiös unbeeinflusst, oder Gewohnheiten zu kultivieren, die deine Sinne nicht abstumpfen lassen, die nicht der Flucht aus dem eigenen Kopf und Körper dienen, sondern dem Gegenteil: dem Zu-sich-Kommen, dem Bei-sich-Sein und dem Wohlgefühl, das Leben genießen zu können,

INVESTITION
IN EINEN
GUTEN MORGEN

mit allem, was so um die Ecke biegen mag. Was eignet sich da mehr als der Morgen, um sich in aller Sinnlichkeit auf die Herausforderungen des Tages vorzubereiten? Mitten am Tag ist der Zug meist schon abgefahren, und abends, wenn sich Müdigkeit und Erschöpfung angehäuft haben, fällt es oft schwer, sich sinn-voll zu entspannen.

ASIEN MACHT UNS WAS VOR

Besonders in asiatischen Kulturen gibt es für den Morgen ganz wunderschöne Rituale, die in der Gesellschaft fest verankert sind und für den Tag eine positive Ausrichtung schaffen: In China trifft man sich im Morgengrauen im Park zu einer großen Runde Tai Chi, Alter und sozialer Status der Teilnehmer sind dabei unerheblich. So werden durch beruhigende und energetisierende Bewegungen nicht nur Körper und Geist gekräftigt, auch der Gemeinschaftssinn wird gestärkt.

Auf der hinduistischen Insel Bali habe ich mich jeden Morgen über die wunderhübschen kleinen Opfergaben gefreut, die die Frauen in aller Früh an den Straßenrand, auf den Gehweg, an die Kassen in Geschäften sowie auf Roller oder andere Fahrzeuge stellen. Sie basteln aus Palmblättern, Blumen, Bambus oder Papier kleine Kunstwerke, bestückt mit Reis, Süßigkeiten, Räucherstäbchen, Geld und allem, was der jeweilige zu besänftigende Dämon oder freundlich zu stimmende Gott so brauchen könnte. Jeder gibt acht, dass er oder sie nicht auf die kleinen Gebilde tritt. Abends werden sie wieder weggeräumt, und morgens stehen neue Kunstwerke da. Ein wunderbarer Brauch, der sofort gute Laune macht und jeden Morgen an die Schönheit und Magie dieses Lebens erinnert.

… KAPITEL 1

KOSTENFREIES INVESTMENT

Es könnte so einfach sein: Dein einziges Investment sind Zeit und Aufmerksamkeit. Zeit?!? Mag da manche(r) denken: Hab ich nicht! Aber ich meine mit Zeit nicht zwei Stunden am Tag, die du dir mühsam aus den Rippen schneiden sollst, oder so furchterregende Dinge wie eine Stunde früher aufzustehen oder gar zwischendrin irgendwelche festen Übungspläne einzuhalten. Nein, alles, was du tust, um deinen Morgen angenehm und erfrischend, motivierend und auftankend zu gestalten, sollte sich elegant und mühelos in deine Abläufe einfügen. Wie ich bereits am Anfang erwähnte: Es geht hauptsächlich darum, immer wieder bewusste Entscheidungen zu treffen, gestützt durch achtsames Hinschauen.

Handfestes für die Betriebswirtschaftler unter uns: Das Investment in gute Laune ist auch noch extrem günstig, es kostet nämlich nix, nada, niente. Alles reine Nervensache: Neurobiologisch betrachtet wird das Glücksgefühl durch verschiedene Verknüpfungen von Nervenzellen und die Aktivierung bestimmter Hirnareale gewährleistet. Das Gehirn empfängt ständig Signale des restlichen Körpers, um sie zu verarbeiten. Simples Beispiel: Du könntest keinen Schritt gehen, wenn nicht Tausende von Propriozeptoren – winzige Sinnesorgane – kontinuierlich Infos von deinen Fußsohlen an dein Gehirn senden würden: hier eine Unebenheit, da geht's bergab, ups, und schon wieder bergauf, Teppichkante! Ast! Bordstein! etc. Das Gehirn sendet wiederum Befehle an Muskeln, Sehnen und Bänder im Gehapparat, damit du nicht durch dein Leben fällst und stolperst.

Und genauso musst du auch nicht in den Tag hineinstolpern, sondern kannst dein Gehirn ganz geschmeidig davon überzeugen, dass jeder Morgen ein guter Morgen ist. Das kostet nichts als Aufmerksamkeit.

KONDITION(IERUNG) FÜR DAS NERVENSYSTEM

Gehirn und Körper und somit unsere Emotionen können auf gesunde Weise »ausgetrickst« oder, etwas fachlicher ausgedrückt, konditioniert werden: indem wir eine individuelle Routine für den Morgen entwerfen, gegen die die schlechte Laune nur wenig Chancen hat. Natürlich läuft nicht immer alles rund, und so ein Tag kann aus verschiedenen Gründen emotional und/oder körperlich recht elend beginnen. Doch auch dafür gibt es wirksame Strategien und Techniken aus dem Bereich des Achtsamkeitstrainings, die leicht zu erlernen sind.

Denn wie bereits erwähnt, haben Glücksgefühle, Motivation, gute Stimmung und all diese schönen Empfindungen ihren Ursprung im Gehirn bzw. im Nervensystem. Allerdings ist dieser Zusammenhang weitaus komplizierter als die oben beschriebene Orientierung der Füße im Raum. Zur Dimension des Ganzen: Jeder Mensch auf dieser Welt ist stolzer Besitzer von mehr als zehn Milliarden Nervenzellen, mit mehr als zehn Billionen synaptischer Verbindungen zwischen den Zellen. Diese synaptischen Verbindungen oder Synapsen bilden wiederum Hirnregionen, die jeweils für unterschiedliche Gefühle, Bewegungen, Sprache und physiologische Vorgänge, kurzum für alles, was das menschliche Leben so ausmacht, zuständig sind. Die Hirnregionen kommunizieren über Schaltkreise und sind somit untereinander auch wieder synaptisch verbunden. Unser Nervensystem ist demnach höchst komplex und in seiner ganzen Komplexität auch noch nicht vollständig erforscht.

Natürlich darf man auch nicht vergessen, dass Glücklichsein ein sehr subjektives Gefühl ist und bleibt, ein Gefühl, das sich zwar neurobiologisch gut messen lässt, aber individuell ganz vielfältige Gründe haben und Formen annehmen kann. Gleiche Situationen lösen bei unterschiedlichen Menschen unterschiedliche Gefühle aus. Allein der Gedanke an das morgendliche Aufstehen kann bei dem einen unschöne Assoziationsketten in Gang setzen, beim anderen hingegen freudige Gefühle erzeugen. Beides fußt wiederum auf im Gehirn gespeicherten Informationen, also synaptischen Verbindungen, die mit verschiedenen Situationen verknüpft sind. Deswegen ist es auch so schwierig, mit Gewohnheiten zu brechen, da das Gehirn situativ abspeichert. Die obligatorische Zigarette nach dem Essen ist gewissermaßen in unseren Gehirnwindungen verankert.

Was allerdings nicht als Ausrede gelten darf, denn dank der sogenannten neuronalen Plastizität dieses erstaunlichen Organs können jederzeit neue Synapsen gebildet und alte aufgelöst werden. Motivation ist auch hier alles: Mit etwas Übung kannst du deine eigenen Schaltkreise trotz aller Widrigkeiten verändern und so beispielsweise für immens gute Laune und Energie am Morgen sorgen.

DER MORGEN

BEGINNT

AM ABEND

DER MORGEN
BEGINNT
AM ABEND

ALLES AUF ANFANG

So, wie du deinen Tag beendest, so wirst du wahrscheinlich den nächsten auch wieder beginnen. Bist du gestresst und genervt ins Bett gegangen, hast du die bereits erwähnte Flasche Wein mehr oder weniger vollständig konsumiert oder eine Tafel Schokolade in Rekordzeit niedergemacht (oder beides), hast du dich vor den Fernseher gesetzt und diesen ein- und innerlich vermeintlich abgeschaltet, hast du dann später im Bett noch schnell ein paar E-Mails und/oder SMS gecheckt – dann wirst du den Stress, den dein Nervensystem am Tag aufgebaut hat, sehr wahrscheinlich in den Schlaf mitnehmen. Dieser Schlaf ist dann vermutlich nicht wirklich erholsam, und das lähmende Gefühl beim Klingeln des Weckers löst bereits wieder Stress aus. So wird ein Teufelskreis in Gang gesetzt, aus dem es auszusteigen gilt. Vielleicht ist es nicht ganz so dramatisch, aber ich glaube, fast jede(r) von uns kennt diese Mechanismen, die sich langsam einschleichen und zunächst noch ganz harmlos wirken. Auf Dauer kann daraus allerdings ein nervliches Drama werden.

Für unser Lebensgefühl sind wir zu einem großen Teil selbst verantwortlich und wir können es zu einem ebenso großen Teil in die eigene Hand nehmen. Schon Bertolt Brecht stellte fest: Wie man sich bettet, so liegt man. Das bezieht sich im brechtschen Sinne natürlich nicht nur auf den Schlaf, aber um einen guten Morgen zu erleben, sollte der Schlaf auch eine gewisse Qualität erreichen.

GESTÖRTER SCHLAF STÖRT ENORM

Dass Schlafstörungen ein ernst zu nehmendes Problem in Deutschland sind, hat das Robert-Koch-Institut zum wiederholten Male in einer breit angelegten Studie aus dem Jahr 2013, in der es um »Häufigkeit und Verteilung von Schlafproblemen und Insomnie in der deutschen Erwachsenenbevölkerung« ging, festgestellt. Demnach hatte ein Drittel der Befragten in den Wochen zuvor an Einschlaf- oder Durchschlafstörungen gelitten. Ein Fünftel gab an, grundsätzlich schlecht zu schlafen.
Und es kommt noch dicker: Laut Gesundheitsreport der DAK-Gesundheit aus dem Jahr 2017 gaben 80 Prozent der befragten Arbeitnehmer an, sie hätten immer wieder Schlafprobleme. Der DAK zufolge ist die Anzahl der an Schlafstörungen Leidenden seit einer 2010 durchgeführten Umfrage um satte 66 Prozent gestiegen. In der Studie wurden krankheitsbedingte Ausfalltage sowie ärztliche Behandlungen bei Schlafstörungen von 2,6 Millionen erwerbstätigen Versicherten durch das IGES Institut in Berlin ausgewertet. Darüber hinaus wurden rund 5200 erwerbstätige Frauen und Männer im

Alter von 18 bis 65 Jahren durch das Forsa-Institut repräsentativ befragt und zahlreiche Experten eingebunden. Das Ergebnis ist erschreckend, besonders, was die sogenannte Insomnie betrifft, also Durchschlafschwierigkeiten oder Schlafstörungen, die sich über mehr als vier Wochen hinziehen: Jeder Zehnte leidet daran, 60 Prozent mehr als in der Studie von 2010. Selbst Dr. Ingo Fietze, Leiter des Schlafmedizinischen Zentrums der Charité, war von diesem Anstieg überrascht.

Die fatalen Folgen von massiven Schlafproblemen sind neben Müdigkeit unter anderem Konzentrationsstörungen, ein geschwächtes Immunsystem und ein überreiztes Nervensystem – also Stress. Andere Nebenwirkungen von Schlafmangel und -störungen sind, um nur eine Auswahl zu nennen, Übergewicht, Diabetes, Kopfschmerzen und Migräne sowie Gefäßerkrankungen bis hin zu erhöhtem Blutdruck.

Eine andere Studie, durchgeführt von der Faculty of Health and Medical Sciences an der Universität von Surrey, Großbritannien, weist auf eine sehr interessante Ursache für all diesen Unbill hin: So stellte man bei Untersuchungen an Probanden, die teilweise unter Schlafentzug oder Schlafverkürzung gesetzt wurden, Veränderungen an über 700 (!) Genen fest. Die getesteten Personen hatten lediglich eine Woche mit weniger als sechs Stunden Schlaf verbracht. Die Auswirkungen auf die Gene sind noch nicht vollständig erforscht, laut den Wissenschaftlern aber wohl ein Grund dafür, warum Körper, Seele und Nervensystem anfangen, bei Schlafmangel komplett verrücktzuspielen.

Dabei bleibt noch eines zu betonen: Dem »Schlafpapst« Jürgen Zulley zufolge, ehemals Professor für Biologische Psychologie an der Universität Regensburg und renommierter Schlafforscher, ist es nicht die Dauer des

Schlafs, die den Grad der Ausgeruhtheit am nächsten Tag bestimmt. Viel entscheidender ist die Qualität des Schlafs. Die Einschlafphase sollte kurz sein, alle Schlafphasen und besonders eine ausreichende Menge Tiefschlaf sollten erreicht werden. Eine Schlafdauer von unter fünf Stunden sei im Allgemeinen nicht erholsam, sagt der Experte, zwar hin und wieder zu verkraften, aber langfristig nicht gesund. Schließlich sei der Schlaf für unseren Organismus ein »hochaktiver Erholungsprozess«, bei dem das Gehirn genauso viel Energie wie im Wachzustand verbrauche. Von wegen Nichtstun …

MODERNE SCHLAFZEITEN

Andere Studien, die ich hier nicht zitieren werde, weil es darüber immer noch viel Diskussion gibt, beschäftigen sich mit der Schädlichkeit der Handystrahlung. Mir persönlich ist es ja egal, ob die Strahlen total, weniger, ein bisschen oder vielleicht auch gar nicht schädlich sind. Solange die Schädlichkeit nicht geklärt ist, will ich mich den Strahlen jedenfalls nicht freiwillig aussetzen. Warum auch?

Ich weiß, du hast das alles schon gelesen und gehört. Es muss trotzdem immer wieder betont werden, dass elektronische Geräte im und am Bett definitiv nicht für einen gesunden Schlaf sorgen – und zwar nicht nur wegen der Strahlung! Also: Sobald du dein Schlafzimmer betrittst, AUSSCHALTEN! Ich schreibe das in Großbuchstaben, weil das eingeschaltete Handy neben dem Kopfkissen oder auf dem Nachttisch wirklich der erste und absolute Kapitalfehler ist, der dich um einen guten Schlaf bringen kann. Ein Fehler, der komplett unterschätzt wird.

DIE MÜSSEN DRAUSSEN BLEIBEN

Dein Telefon hat nämlich ADHS – es sucht ständig nach einem Netz, telefoniert unkontrolliert nach Hause ins Silicon Valley oder dorthin, wo seine Mutter(-firma) sitzt, um sich über Updates oder über seinen Zustand zu informieren, sendet GPS-Daten an Satelliten und so weiter und so fort. Und es macht doofe Geräusche, wenn irgend so ein Witzbold um 4 Uhr nachts eine WhatsApp-Nachricht schickt oder gar anruft. Banal, nicht wahr? Und doch kenne ich Leute, die das Ding tatsächlich nicht ausschalten oder wenigstens in den Flugmodus versetzen, wenn sie schlafen gehen. »Aber wenn irgendwas ist?« lautet dann die bange Frage. Wenn jemand einen Unfall hatte und ins Krankenhaus eingeliefert wurde, ist es meist schwierig, sofort etwas zu unternehmen. Dann ist es in der Regel besser, erst am Morgen hinzufahren, wenn beispielsweise auch Ärzte zu erreichen sind. Wenn sich die minderjährigen Kinder zur allgemeinen Schlafenszeit noch draußen tummeln, sollte man vielleicht andere Absprachen treffen, die einen selbst nicht um den Schlaf und die Kinder nicht in Gefahr bringen, oder eben nur in absoluten Ausnahmesituationen das Handy anlassen. Dauererreichbarkeit stresst, in Arbeitssituationen ebenso wie im Privatleben. Und das letzte und absolute Totschlagargument ist wohl dieses: Früher haben wir es ja schließlich auch geschafft, ohne Telefon neben dem Kopfkissen zu überleben.

KAPITEL 2

DAS GEHIRN SIEHT BLAU

Ein hochinteressantes Studienergebnis, diesmal des Zentrums für Chronobiologie der Universität Basel, erklärt aus einer anderen Perspektive, warum der Elektrokram aus dem Schlafzimmer verbannt werden sollte: Der Blauanteil im LED-Licht von Bildschirmen in Tablet, Handy oder Computer bremst die Melatoninproduktion. Dieses Hormon steuert den Schlaf-Wach-Rhythmus; bei gebremster Produktion spürst du deine wohlverdiente Müdigkeit umso weniger, je länger du am Bildschirm sitzt. Beim Arbeiten ist dieser Effekt vielleicht manchmal nicht schlecht, im Bett aber ganz sicher fehl am Platz und nicht wirklich schlafförderlich.

Außerdem bedeutet das eingeschaltete Smartphone im Schlafzimmer meist, dass du noch kurz vor dem Schlafen draufschaust, um die E-Mails zu checken, die neuesten Facebook-Postings anzusehen, SMS- und WhatsApp-Nachrichten zu lesen ... et cetera pp.

DER MORGEN
BEGINNT
AM ABEND

WIE UND WANN MAN SICH BETTET ...

Es gibt natürlich noch eine ganze Menge anderer Parameter, die direkt im Schlafzimmer für eine erholsame Nachtruhe sorgen. Beispielsweise die Schlafzyklen. Pro Nacht durchlaufen wir vier bis sechs solche Zyklen, die jeweils ungefähr 90 bis 110 Minuten dauern. Vereinfacht gesagt, besteht ein solcher Zyklus aus einer sogenannten Non-REM-Phase und einer REM-Phase. Die Non-REM-Phase wird nochmals in die Schlafphasen I bis III unterteilt, früher ging man sogar von vier Phasen aus. In Phase I und II befinden wir uns im Leichtschlaf, Phase III markiert die Tiefschlafphase. Während der REM-Schlaf-Phase sind die Muskeln des Körpers wie gelähmt – in unserem Gehirn arbeitet es dafür umso heftiger. Während dieser Phase haben wir die meisten Träume und rollen wie wild mit den geschlossenen Augen. Daher auch der Name REM – Rapid Eye Movement, was übersetzt so viel heißt wie schnelle Augenbewegungen. Wachst du am Ende einer REM-Phase oder noch besser innerhalb einer Leichtschlafphase auf, fühlst du dich wacher und erholter, als wenn dich dein Wecker aus dem Tiefschlaf reißt. Mit diesem Wissen im Kopf kannst du nun experimentieren und dich deiner optimalen Weckzeit nähern. Beginne damit, dass du deine Zubettgehzeit mit 90-Minuten-Zyklen berechnest. Wenn du also um 6:30 Uhr aufstehen musst, solltest du um 21:30, um 23:00, oder um 0:30 Uhr ins Bett gehen. Je nachdem, wie lange du brauchst, um einzuschlafen, kannst du hierfür noch Zeit abziehen und dich entsprechend früher schlafen legen (im Schnitt 15 Minuten). Solltest du feststellen, dass das mit den 90-Minuten-Zyklen bei dir nicht klappt und du dich genauso gerädert fühlst wie sonst auch, versuche es mit Zyklen von 100 und 110 Minuten.

Ebenfalls wichtig ist die Temperatur im Schlafzimmer. Zu Beginn des Schlafes sinkt die Körpertemperatur ab. Ist es zu warm im Raum, funktioniert dieser Mechanismus nicht optimal. Die Folge ist ein zerschlagenes Gefühl am Morgen – das kennst du vielleicht von heißen Sommernächten. Die optimale Temperatur im Schlafzimmer ist kühler, als man eventuell annehmen würde: Sie liegt Experten zufolge zwischen 16 und 19 Grad.
Erfrieren braucht deshalb aber niemand: Zu kalt sollte es nämlich auch nicht sein, da es sich mit kalten Füßen erwiesenermaßen schlechter einschläft. Wer möchte, kann bei offenem Fenster schlafen; das ist aber kein Muss, vor allem dann nicht, wenn der Straßenlärm den Schlaf beeinträchtigt. Aber Stoßlüften vor dem Schlafengehen sollte man zumindest – am besten gute 15 Minuten lang.

Bei der Frage, auf welcher Matratze man sich am besten bettet, scheiden sich die Geister. Oberstes Gebot ist deshalb das eigene, subjektive Empfinden. Ausprobieren ist unumgänglich, am besten schon im Geschäft (und dann einige Nächte zu Hause), in allen Schlafpositionen und – ganz wichtig – mit deinem eigenen Kissen. Die Matratze sollte sich deinem Körper anpassen und weder zu hart noch zu weich sein. Das bedeutet, deine Hüfte und Schulter (sofern du Seitenschläfer bist) sollten bequem einsinken können. Gleichzeitig sollte deine Wirbelsäule sanft unterstützt werden und sich nicht zu stark verkrümmen – das führt sonst zu Rückenschmerzen am nächsten Morgen. Als Faustregel gilt: Je schwerer der oder die Liegende, desto härter sollte die Matratze sein. Ein Beispiel aus meinem bunten Leben: Mein Freund ist schlappe 30 Zentimeter größer als ich und 35 Kilo schwerer. Ich finde meine (schweineteure Latex-Kaltschaum-) Matratze perfekt, ihm ist sie etwas zu weich. Hier stimmt die Regel also. Allerdings ist die optimale Härte bis zu einem gewissen Grad von den persönlichen Vorlieben und Gewohnheiten abhängig; wenn du also klein und zierlich bist und trotzdem gerne härter liegst, nur zu.

Nach acht bis zehn Jahren ist auch die beste Matratze durch und eine neue muss her. Durchgelegene Matratzen bescheren die schönsten Rückenprobleme, da die Wirbelsäule anfängt, sich auf der Unterlage ungünstig zu verbiegen. Das richtige Material für eine Matratze zu finden ist speziell für umweltbewusste Menschen ein Drama. Kaum eine Unterlage kann Nachhaltigkeitsstandards erfüllen, und wenn, musst du tief in die Tasche und zu Naturlatex greifen. Die einen schwören auf Latex, die anderen auf Kaltschaum, die ganz anderen favorisieren das hippe Boxspringbett – die moderne Turmvariante von Omas alter Federkernmatratze. Das sind die gängigen Varianten.

Latex hat den Vorteil, dass es sich sehr gut an die Körperform anpasst. Allerdings ist Latex schwer (versuch mal, so ein 140 Zentimeter breites Teil hochzuheben ...), teuer und sollte aus biologisch angebautem und behandeltem Naturkautschuk bestehen – was die Sache natürlich nicht günstiger macht. Es gibt Latexmatratzen in verschiedenen Härtegraden und Ausführungen, auch mit anderen Materialien gemischt. Ich habe einen Materialmix im Bett liegen, wie bereits erwähnt, eine Naturlatex-Kaltschaummatratze, und bin damit sehr zufrieden.

In den letzten Jahren kamen Kaltschaummatratzen mehr und mehr in Mode. Sie zeichnen sich meist durch hohe Punktelastizität aus, das heißt, sie passen sich wie die Latexmatratzen optimal dem Körper an. Kaltschaum ist deutlich günstiger als Latex, allerdings ist die Ökobilanz mehr als mies: Der Schaumstoff wird aus Erdöl hergestellt! Selbst die als »bio« deklarierten Matratzen bestehen aus technischen Gründen zu höchstens 30 Prozent aus pflanzlichen Ölen. Auch für stark schwitzende SchläferInnen sind diese Matratzen nicht so gut geeignet, eher für die Wärmebedürftigen unter uns. Das Boxspringbett hat vor einigen Jahren seinen Siegeszug in den deutschen Schlafzimmern angetreten. Oder sollte man besser sagen, es erlebt eine Renaissance? Denn schließlich gibt es Federkernmatratzen schon seit über 80 Jahren. Ich kenne die »neue« Variante, also die turmhoch aufgebauten Matratzenlager, aus US-amerikanischen Hotelzimmern und fand sie immer recht witzig, weil ich mich wie die Prinzessin auf der (nicht vorhandenen) Erbse fühlte. Damit wirbt die Industrie ja auch – mit dem königlichen, thronartigen Gefühl beim Schlafen.

Die gute alte Federkernmatratze wurde hier etwas modifiziert: Das Untergestell (Boxspring) besteht aus einem Holzrahmen und einer Taschen- oder normalen Federkernmatratze statt eines Lattenrosts. Darüber wird eine weitere Taschenfederkernmatratze platziert, in der »Billig«-Version kann es auch eine normale Federkern- oder Kaltschaummatratze sein. Manchmal kommt als oberste Schicht noch eine Topper-Matratze dazu, eine relativ dünne, weiche Matte ohne Federkern. Vorteil beim Boxspringbett wie bei herkömmlichen Federkernmatratzen ist die gute Durchlüftung – für starke Schwitzer also sicherlich eine Alternative zu Latex- oder Kaltschaummatratzen. Beim Boxspringbett kommt dazu, dass dieses recht hoch ist, was das Aufstehen vergleichsweise bequem und einfach macht (vor allem für ältere Menschen interessant). Neben den teilweise absurden Preisen und der oft begrenzten Haltbarkeit liegt für mich persönlich der Nachteil beim

DER MORGEN
BEGINNT
AM ABEND

Boxspringbett darin, dass die Sprungfedern der Matratzen aus Metall bestehen – und ich nicht auf einem Haufen Metall liegen mag.

Schließlich und endlich muss auch der Kopf gut gebettet sein. Viele Nacken- und Rückenprobleme resultieren aus ungeeigneten Kissen, die entweder zu hoch oder zu flach sind. Auch hier hilft nur Ausprobieren. Schläfst du gern auf der Seite, brauchst du vermutlich ein dickeres und festeres Kissen, damit deine Halswirbelsäule beim Aufliegen des Kopfes eine gerade Linie mit dem Rest der Wirbelsäule bildet – ein Seitenschläferkissen eben. Bist du RückenschläferIn, eignet sich eher ein etwas flacheres Kissen, bei dem sich das Kinn nur leicht in Richtung Brustbein neigt.

Auch die Kissenfüllung ist wieder ein heikles Thema. Eins steht fest: AllergikerInnen sollten definitiv auf Federn verzichten, denn darin tummeln sich die kleinen Hausstaubmilben, deren Kot Allergien auslöst. Daunenkissen sorgen zwar eigentlich für ein gutes Mikroklima, wenn du allerdings stark schwitzt, solltest du bedenken, dass Daunen zusätzlich wärmen. Eine Alternative stellen Kissen mit Synthetikfüllung dar, die zudem gut waschbar sind. Darüber hinaus gibt es viskoelastische Schaumkissen, die sich der Kopfform anpassen, oder, ganz öko, Füllungen aus Hirse oder Dinkelspelzen. Einfach ausprobieren, was dir am besten behagt und was du mit deinem Gewissen am besten vereinbaren kannst.

Die in Deutschland übliche Kissengröße von 80 × 80 Zentimetern ist für den Nacken suboptimal, da die Schulter meist mit auf dem Kissen liegt, wodurch die Nackenwirbelsäule nicht entspannt liegen kann und nicht ausreichend gestützt ist. Ich habe seit Jahren Kissen mit der Größe 40 × 80 und finde sie viel bequemer und nackenfreundlicher. Inzwischen gibt es auch immer mehr Hersteller, die Kissenbezüge abseits der quadratischen Standardgröße anbieten. Für die Bettdecke gilt das Gleiche wie für das Kissen: Es gibt Federn, Synthetik und Naturhaarfüllungen. Wenn du eine schwere Bettdecke haben willst, sind Kamelhaar oder Daunen vermutlich ideal. Allergiker und starke Schwitzer sollten auch hier lieber zu Synthetik greifen. Für heiße Sommertage gibt es leichtere, dünner gefüllte Decken als für frostige Wintertage. Und dann gibt es noch Kaschmir: Ich selbst habe eine ultraleichte Kaschmirdecke. Die ist günstiger, als man glaubt, wärmt im Winter und kühlt im Sommer. Ich wasche sie im Wollwaschprogramm in der Maschine – was allerdings höchstens einmal im Jahr nötig ist. Auslüften reicht im Allgemeinen völlig aus.

DIE QUALEN DER JUGEND

Der Kampf mit dem Wecker begann ungefähr, als ich 14 Jahre alt war: um 6 Uhr morgens aufstehen und in die Schule, Horror! Nie hatte ich genug geschlafen, stets war ich völlig fertig und unmotiviert. Besonders im Winter, in dieser grausigen Dunkelheit zur Bushaltestelle gehen – eine einzige Qual. Vor der Pubertät: kein Problem. Morgens aufstehen, klar! Auch am Wochenende war ich in der Früh quietschvergnügt und bereit für Aktivitäten. Mit der sogenannten Adoleszenz ging mir dann aber natürlicherweise alles auf die Nerven: Schule, Lernen, Hausaufgaben und meine morgens putzmuntere Mutter. Sie ist der Inbegriff der »Lerche« – das sind

DER MORGEN
BEGINNT
AM ABEND

Menschen, die gern früh, sehr früh aufstehen und dann auch noch quicklebendig und, im Falle meiner Mutter, sehr kommunikativ sind. Manchmal zum Leidwesen der »Eulen«, wie ich eine war in meiner Jugend: so spät wie möglich ins Bett und mindestens bis Mittag schlafen, herrlich! Am Wochenende war das dank toleranter Lerchen-Mutter möglich ... Mit 15 plädierte ich allerdings erfolgreich dafür, mein Frühstück unter der Woche um 6:15 Uhr bitte schön allein einnehmen zu dürfen. Kommunikation um die Uhrzeit? Definitiv nicht mein Ding.

JUGEND BRAUCHT SCHLAF

Meine jugendliche Unlust, an der Morgenstund' etwas Goldenes zu finden, ist allerdings nicht meine Natur. Heute entspreche ich eher dem gemäßigten Lerchentyp, so, wie es sich in meiner Kindheit auch schon angedeutet hat: Wenn mein Leben es erlaubt, stehe ich im Sommer gern um 6 Uhr, im Winter um 7 Uhr auf und liege möglichst vor 23 Uhr im Bett.

Heute ist außerdem bewiesen, was ich und viele meiner adoleszenten Leidensgenossen schon damals wussten: Das Schlafbedürfnis von Jugendlichen stellt einen Sonderfall dar, weswegen einige Wissenschaftler auch den späteren Beginn der Schule fordern. Prof. Dr. Till Roenneberg vom Institut für Medizinische Psychologie an der Ludwig-Maximilians-Universität (LMU) München fände beispielsweise folgende Regelung wünschenswert: »Bei Jugendlichen über 14 sollte man die Schule später beginnen lassen. Faustregel: Unterstufe 8 Uhr, Mittelstufe 9 Uhr, Oberstufe 10 Uhr.« Der Mann wäre in meiner Jugend mein Held gewesen.

TYPEN GIBT'S

Der Chronotyp, also die Struktur des individuellen Schlaf-Wach-Rhythmus, ist genetisch festgelegt, daran lässt sich nicht schrauben. Chronobiologie heißt die Wissenschaft, die diese Strukturen erforscht. Oben genannter Professor Roenneberg ist einer der Vorreiter in der Chronobiologie und differenziert noch viel genauer als nur zwischen Eulen und Lerchen: Sein Institut an der LMU München bietet sogar einen kurzen Fragebogen im Internet an (Link siehe Anhang, S. 168), mit dessen Hilfe du herausfinden kannst, welchem Chronotyp du entsprichst.

Es gibt nach den Forschungsergebnissen des Teams um Professor Roenneberg sogar sieben solcher Typen: Der extreme Frühtyp fühlt sich mit einer Schlafzeit von ca. 21 bis 5 Uhr am wohlsten, der moderate Frühtyp geht um 22 Uhr ins Bett und steht um 6 Uhr morgens wieder auf, der leichte Frühtyp

DER MORGEN
BEGINNT
AM ABEND

hingegen legt sich gegen 23 Uhr hin und springt um 7 Uhr morgens wieder fit aus dem Bett. Der Normaltyp schläft im Mittel von 0 bis 8 Uhr, der leichte Spättyp von 1 bis 9 Uhr, der moderate Spättyp von 2 bis 10 Uhr, und die echten Nachteulen, also die extremen Spättypen, finden erst zwischen 3 und 5 Uhr ins Bett, um zwischen 11 und 13 Uhr aufzustehen. 60 Prozent der Bevölkerung gehören zum Normaltyp, moderaten Frühtyp und leichten Spättyp. Immerhin bedeutet leichter Spättyp eine Schlafenszeit von 1 bis 9 Uhr – nicht gerade eine Zeitspanne, die kompatibel mit unserer Arbeitswelt ist. Weswegen sich, grob überschlagen und an der Studie des Münchner Professors orientiert, ungefähr die Hälfte der bundesdeutschen arbeitenden Bevölkerung dauernd im »sozialen Jetlag« befindet ...

Zur schwierigen Situation in der Arbeitswelt kommt noch der Faktor Licht hinzu: So wird unsere innere, also die chronobiologische Uhr, laut Professor Roenneberg in der modernen Gesellschaft durch die Beleuchtungssituation sabotiert. Die meisten Menschen arbeiten in geschlossenen und künstlich beleuchteten Räumen; dieses Licht ist um ein Vielfaches schwächer als das Sonnenlicht und regt dadurch die Produktion des Hormons Melatonin an, das den Schlaf-Wach-Rhythmus steuert. Dazu später mehr. Die innere Uhr und damit der Körper ist eigentlich auf Schlaf eingestellt, bekommt ihn aber nicht. Abends, zu Hause, knipsen wir das Licht dann ebenfalls wieder an. Jetzt würde unsere innere Uhr im Normalfall in den Nachtruhemodus schalten, aber dank der künstlichen Beleuchtung ist es zu hell, um die Produktion des schlaffördernden Hormons anzukurbeln. Dadurch werden wir später müde. Wenn wir dann im Bett liegen, fällt es uns schwerer abzuschalten, und das Einschlafen dauert meist länger. Die Folge davon ist, wie Forscher bestätigen, ein kontinuierlich anwachsender Schlafmangel in den westlichen Industriegesellschaften. Der Mangel an natürlichem Licht, gepaart mit unveränderten Kernarbeitszeiten, verkürzt die durchschnittliche Schlafdauer von Arbeitnehmern und natürlich auch Kindergarten- oder schulpflichtigen Kindern enorm. Der viel zitierte volkswirtschaftliche Schaden, der durch diesen Dauerschlafmangel verursacht wird, ist in Zahlen derzeit noch nicht berechenbar.

WAS NUN?

Ein Job, der total gegen deine innere Uhr arbeitet, sorgt dafür, dass du den »Schlafmangel-Kater« jeden Tag spürst. Sagen wir mal, du bist eine absolute Nachteule und musst unter der Woche morgens um 6 Uhr aufstehen. Fatal, da du ein enormes Schlafdefizit ansammeln wirst, das nicht ausgleichbar ist. Ganz ernsthaft: In diesem Fall gilt es tatsächlich, deinen Job zu überdenken. Denn aus deiner chronobiologischen Haut wirst du nicht schlüpfen können!
Wenn auch Gleitzeitregelungen die Arbeitszeiten etwas flexibler machen, liegt die Kernarbeitszeit oft immer noch zwischen 9 und 17 Uhr, was einem guten Teil der Bevölkerung Schlafmangel bescheren dürfte. Aber auch hier tut sich was: Viele Unternehmen – der Impuls kam aus dem Silicon Valley inklusive der Dependancen in Deutschland – bieten beispielsweise komplett flexible Arbeitszeiten an, also von 0 bis 24 Uhr, die ganze Woche, teilweise inklusive Wochenende.

Natürlich ist es eine radikale Maßnahme, einen chronobiologisch kontraproduktiven Jobs einfach zu kündigen. Viel mehr Möglichkeiten gibt es für extreme Typen jedoch leider nicht. Eine Alternative wäre es vielleicht, ein eingehendes Gespräch mit Chef oder Chefin zu führen und ihm oder ihr Forschungsergebnisse von Professor Roenneberg vorzulegen. Dieser hatte

DER MORGEN
BEGINNT
AM ABEND

2012 in einer fünfmonatigen Versuchsphase mit einer großen deutschen Stahlverarbeitungsfirma die Chance, ein neues, an die Chronobiologie der Mitarbeiter angepasstes Schichtmodell zu testen. Das Ergebnis: Die Schichtarbeiter bekamen durchschnittlich eine Stunde mehr Schlaf, was ihren »sozialen Jetlag« und die weitreichenden Folgen des Schlafmangels deutlich minimierte.

Nun stellt die Schichtarbeit, besonders im Wechsel von Früh- und Spätschicht, laut Studie für alle Typen einen brutalen Angriff auf die innere Uhr dar. Der permanente »Kater«, auch für normal arbeitende Menschen, darf jedoch ebenfalls nicht unterschätzt werden. So appellieren Schlafforscher und andere Wissenschaftler schon seit Jahren an Unternehmen und auch an Schulen, ihre Arbeits- und Schulzeitmodelle zu überdenken. Hoffentlich finden sie immer mehr Gehör!

LISTIG VOR DER NACHTRUHE

Die Schlafenszeiten sind mehr oder weniger optimal justiert, Smartphone und Computer sind ausgeschaltet, das Schlafzimmer ist gelüftet und die richtige Matratze ist gefunden: Was bleibt also noch zu tun für die segensreiche Nachtruhe?

Zunächst einmal sollte der Kopf frei sein, frei von inneren To-do-Listen, dann schläft es sich leichter ein. Die machst du am besten zu einer äußeren To-Do-Liste, indem du sie niederschreibst. Abends kannst du ohnehin nichts mehr erledigen, also schreib die Dinge, die du erledigen musst, einfach auf einen Zettel, der allerdings nicht im Schlafzimmer angefertigt oder gar liegen gelassen werden sollte. Oder du nutzt dein in diesem Sinne wirklich smartes Phone und eine entsprechende Notiz-App – natürlich schon bevor du auch nur in die Nähe deines Schlafzimmers kommst. Ich bin beispielsweise ein Fan von Bring!, der interaktiven Einkaufs-App, mit der die ganze Familie oder WG vernetzt an Einkaufslisten schreiben kann. Sind es keine To-Do-Listen, sondern handfeste Probleme, die dich grübeln lassen und wachhalten, hilft das Schreiben ebenfalls. Das Behavioral Sleep Medicine Program unter der Leitung des Psychiatrieprofessors Michael L. Perlis in Philadelphia ergab, dass es in diesem Fall noch besser hilft, grobe Lösungswege zu skizzieren, statt einfach eine Problemliste anzulegen. So oder so, nimm dir die Zeit, wirklich alles aufzuschreiben.

Ich habe jahrzehntelang vor dem Einschlafen Tagebuch geschrieben – auch das ist eine hervorragende Maßnahme zur Psychohygiene! Alles, was ich aufschreibe, ist aus meinem Gedächtnis gelöscht, ich muss darüber nicht mehr nachdenken. Netter Nebeneffekt: Es ist hochinteressant, die Einträge nach Jahren zu lesen. Dabei merke ich auch immer wieder, wie nachhaltig manche Gedanken durch das Aufschreiben aus meinem Hirn getilgt werden. Ich konnte mich bei manchen Einträgen überhaupt nicht mehr erinnern, warum ich so gefühlt oder gedacht hatte. Einschlägige Studien beweisen, dass das »expressive Schreiben« eine der wirksamsten Techniken der Selbsthilfe ist. Depressionen können erleichtert werden, das Immunsystem wird gestärkt und sogar Krankheiten können gelindert werden.

Neben dem Aufschreiben von Aufgaben, Lösungen oder Gefühlen und Gedanken hilft es oft schon zu wissen, dass auch die Biochemie einen Anteil daran hat, dass wir gerade abends von negativen Gedankenspiralen heimgesucht werden: Je später die Stunde, desto mehr drosselt das Gehirn die Serotoninproduktion. Dieses Hormon macht Platz für das bereits erwähnte Schlafhormon Melatonin. Serotonin sorgt dafür, dass wir wach bleiben, aber auch dafür, dass wir uns entspannt und zufrieden fühlen und so in aller Gemütsruhe Probleme lösen können. Sinkt die Produktion am späten Abend, wenn wir eigentlich unter Einfluss von Melatonin friedlich einschlummern sollten, erscheinen Probleme oft viel größer, als sie es tatsächlich sind. Die Grübelmaschine kommt ins Rotieren und verhindert das entspannte Einschlafen. Manchmal hilft in einer solchen Abwärtsspirale purer Rationalismus: Mit dem Wissen ausgestattet, dass du gerade Opfer deines Hormonhaushaltes bist und ohnehin heute Nacht nichts tun kannst, um irgendwelche vertrackten oder scheinbar vertrackten Probleme zu lösen, kannst du vielleicht wieder zur Entspannung finden. Yoga, Mantras singen, Meditation oder Atemübungen beruhigen Nervensystem und damit Gehirn ebenfalls nachhaltig und gründlich.

Eine Anmerkung noch: Solltest du zu den Menschen gehören, die unter medizinischen Schlafproblemen leiden, also zum Beispiel der lebensgefährlichen Schlafapnoe (kurze Atemaussetzer im Schlaf) oder pathologisch heftigem Harndrang in der Nacht, wird sich der Weg zum Schlafmediziner oder Arzt nicht vermeiden lassen! Allerdings können auch in diesen Fällen viele Tipps in diesem Buch dazu beitragen, dass sich dein durch den lang anhaltenden Schlafmangel gestresstes Nervensystem wieder beruhigt.

KAPITEL 2

ORDNUNG HÜTEN

Ist das Auflisten erledigt, mache ich mich tatsächlich noch ans Aufräumen: Ich koche sehr gern am Abend und bemühe mich, die Küche nach dem Essen komplett geputzt und aufgeräumt zu hinterlassen. Was mich nämlich am frühen Morgen ganz zackig um meine gute Laune bringt, ist der Anblick einer explodierten Küche. Auch wenn es mich abends oft nervt, weil ich mich lieber mit meinem Buch gemütlich auf mein Sofa kuscheln will – nein, die Küche wird vorher geordnet. Genauso verfahre ich auch mit dem Rest der Wohnung: Sie wird aufgeräumt und in einem Zustand hinterlassen, der mir am Morgen eine schöne, weil ordentliche und saubere Aussicht beschert. Die Kuscheldecke auf dem Sofa wird nach der Couch-Session dann auch sorgfältig zusammengelegt, und die Teekanne kommt schon mal in die Küche für den Morgentee ...

Dieses Aufräumritual hat sich über die Jahre mehr als bewährt und steigert meine Morgenlaune enorm! Im Übrigen gebe ich mir Mühe, auch während des Tages und der Woche Ordnung zu halten. Ich habe einfach keine Lust auf ausgedehnte Aufräumorgien, die mir wertvolle Zeit stehlen. Ich versuche einfach, nichts herumliegen zu lassen, da auch die Sucherei nach irgendwelchen Gegenständen, die nicht an ihrem Platz liegen, eine unnötige und nervraubende Angelegenheit ist.

DER MORGEN
BEGINNT
AM ABEND

ILLUSION UND WIRKLICHKEIT

Ist das leicht verdauliche Essen dann genossen und die Küche in ihren jungfräulichen Zustand zurückversetzt, kann es an die Entspannung gehen. Aber bitte achtsam! Wenn es zu deinen absoluten Lieblingsgewohnheiten gehört, am Abend fernzusehen, will ich mal nicht so sein, das ist grundsätzlich schon in Ordnung. So ein netter Film kann ja auch durchaus entspannend wirken. Wie immer macht die Dosis das Gift: Mehr als 90 Minuten, also eine Spielfilmlänge, würde ich nicht empfehlen. Auch die Qualität des Gesehenen ist wichtig. Damit meine ich nicht nur die Hochwertigkeit, sondern die Stimmung und Information, die der Film oder die Dokumentation transportiert.

Über eines sollten wir uns nämlich keine Illusionen machen: Das Gehirn nimmt alles für bare Münze, was es sieht. Das bedeutet: Fernsehen ist für unser Nervensystem Realität, nicht Illusion. Den Unterschied erfassen wir erst Sekunden später kognitiv. Schaust du dir also einen nervenzerreißenden Thriller am Abend an, dann ist dein Nervensystem in Aufruhr. Es wird dir so etwas schwerer fallen, einzuschlafen, bzw. der Schlaf wird unruhig sein. Deswegen versuche, zwei Grundsätze einzuhalten, besonders, wenn du an

Schlafstörungen leidest: nicht im Schlafzimmer fernsehen und zwischen Fernsehen und Schlafen etwas Zeit lassen, damit sich das Nervensystem und damit die Melatoninproduktion erholen kann.

ENTSPANNUNG – ALLEIN UND GEMEINSAM

Übrigens: Es gibt auch so ein Ding aus Papier mit Buchstaben drauf. Bücher! Tolle Sache zum Entspannen. Abgesehen vom Genuss, ein gutes Buch zu lesen, stellt sich beim Lesen bereits nach sechs Minuten ein wundersamer Effekt ein: Durch die Konzentration auf das Geschriebene rücken alle anderen Gedanken in den Hintergrund, die einen sonst so effektiv vom Schlafen abhalten können. Außerdem, so eine Studie der renommierten Yale University, leben Leser länger. In dieser Studie, in der die Probanden über zwölf Jahre beim Lesen begleitet wurden, erwies sich, dass diejenigen, die mindestens 30 Minuten am Tag die Nase in ein Buch steckten, im Schnitt zwei Jahre länger lebten. Zeitschriften und Zeitungen haben übrigens nicht diesen entspannenden und lebensverlängernden Effekt – es sollte schon ein Buch sein, das die Aufmerksamkeit und Fantasie beschäftigt und auf das der Leser sich tiefer als auf einen Zeitungstext einlässt (»deep reading«).

Wenn du nicht so gern liest, kann ein Hörbuch eine tolle Alternative sein, bei der die Augen dann auch schon mal ausruhen können.

DER MORGEN
BEGINNT
AM ABEND

Ein Abendspaziergang an der frischen Luft kann Entspannungswunder bewirken, auch Malen und Zeichnen helfen beim Abschalten: Ich habe mit meiner Tochter, als sie noch kleiner war, total gern Mandalas ausgemalt, nebeneinander sitzend in totalem Frieden; es gibt ganz wunderschöne Mandalabücher zum Ausmalen. Auch ein Spieleabend stellt für mich und meine Familie – trotz längst erwachsener Tochter – immer noch eine herrliche Entspannungsmethode dar.

ABEND-
AUS-KLANG

Musik hören oder sogar selbst machen dürfte wohl eines der schönsten Mittel zum Zwecke der geistigen Entspannung sein. Die Yogawelt bietet neben den Asanas, also den Körperübungen, eine wunderbare Entspannungsmethode an: das Mantrasingen. Dafür musst du kein großer Sänger sein. Du kannst dir CDs besorgen (zum Beispiel von Deva Premal oder, hüstel, meinem musikalischen Projekt »InTo« – siehe Anhang) und einfach mitsingen, oder auf YouTube nach Mantras suchen. Da gibt es Videos, die eine ganze Stunde dauern. Du kannst die Mantras nach Herzenslust laut herausschmettern, sie murmeln oder einfach nur anhören (siehe Anhang, Musik und Meditation). Der Effekt der rhythmisch wiederholten hinduistischen Götternamen oder Sanskritformeln ist nachweislich beruhigend und entspannend. Und nichts ist heilsamer und harmonisierender für deinen Körper, als deine eigene Stimme. Von wegen harmonisch, magst du denken, denn im Allgemeinen müssen wir erst einmal den inneren Kritiker besänftigen, der da meckert: Du kannst nicht singen, das klingt schrecklich, lass das lieber! Zu deiner Beruhigung: Auch ich als heute professionelle Sängerin habe diesem Kritiker zugehört, bis ich 23 Jahre alt war. Dann habe ich ihm einen Maulkorb verpasst und lauthals und in aller Öffentlichkeit angefangen zu singen. Bis heute, ätsch!

Mein Lieblingsmantra für den Abend, und nicht nur dann, ist eine alte buddhistische Formel: Lokah samastha sukhino bhavantu (siehe Anhang) – mögen alle Lebewesen glücklich sein. Eine wirklich schöne Bedeutung, wie ich finde, und es ist lang und kompliziert genug, dass alle anderen Gedanken in den Hintergrund treten können.

DER SCHLAF DER YOGIS – YOGA NIDRA

Zu den tatsächlich erstaunlichsten Entdeckungen meiner Yoga-«Karriere» gehört Yoga Nidra, der sogenannte Schlaf der Yogis (Nidra heißt Schlaf auf Sanskrit). Im Wesentlichen ist Yoga Nidra eine angeleitete Reise durch den Körper, unterstützt durch die Aufmerksamkeit für den Atem und das (stille) Formulieren einer Absicht, das sogenannte Sankalpa. Du verweilst mit der Aufmerksamkeit in den verschiedenen Körperteilen, der linken Hand, dem linken Arm. Das Gleiche machst du rechts, dann kommen dein Brustkorb, dein Rücken und so weiter. Diese Tiefenentspannung sorgt für den Ausgleich beider Gehirnhälften und lässt dich unglaublich viel Energie tanken. Es gibt wunderbare Yoga-Nidra-Reisen, die über diesen »Body Scan« noch hinausgehen, zum Beispiel zu einem inneren Ort, an dem die Kreativität wohnt. Die mittlerweile in Studien nachgewiesene hohe Wirksamkeit von Yoga Nidra auf das Nervensystem, besonders bei Schlafstörungen, beruht unter anderem auf dem stetigen Entlanghangeln zwischen dem Zustand von Wachheit und Traum. In den USA wird momentan sogar ein Yoga-Nidra-Programm für Kriegsveteranen mit posttraumatischer Belastungsstörung erarbeitet.

Yoga Nidra ist eine faszinierende Reise in das Unterbewusstsein. Natürlich kommt es oft vor, dass du einschläfst, während du den Anleitungen folgst, aber das ist gerade bei Einschlafstörungen ja nicht so schlimm. Es gibt sehr schöne Anleitungen im Internet, natürlich auf YouTube, aber auch ein ganz wunderbares Buch mit Audio-CD von meiner Kollegin Christine Ranzinger (siehe Anhang).

VON DER ROUTINE ZUM RITUAL

Irgendwann an diesem Abend wirst du sicherlich auch deine Hygieneroutine hinter dich bringen. Vielleicht bist du AbendduscherIn (siehe »Die Duschfrage – morgens oder abends?«, S. 84), musst dich abschminken, eincremen und die Zähne putzen. Versuche, all dies in Achtsamkeit zu tun, also wirklich bei deinem Tun zu SEIN, bewusst zu riechen und zu schmecken, zu schauen und zu atmen. Vielleicht kannst du in deiner Zahncreme ganz neue, leckere Geschmackssensationen entdecken. Oder aber feststellen, dass du dringend mal eine andere Zahnpasta brauchst. Versuche, aus der Routine ein Ritual zu machen. Rituale sind sinnerfüllt; in diesem Fall bedeutet das, dir den Sinn deiner Routinen wieder bewusst zu machen. Du putzt dir die Zähne, weil du sie gesund erhalten möchtest, der Geschmack am Morgen einfach netter ist und sich der Zahnarzt immer so über dein gesundes Zahnfleisch freut. Das Gesicht wäschst und pflegst du, damit du möglichst knitterfrei und ohne verlaufene Wimperntusche aufwachen kannst. Oder so ähnlich. Versuche, dich zu erinnern, welchen Sinn deine täglichen Handgriffe haben. Eingefahrene Routinen wieder zu Ritualen zu machen gelingt, wenn du im Augenblick ankommst und jeden Handgriff zu einer ganz neuen Erfahrung machst. Versuche, spielerisch mit deinem Bewusstsein umzugehen – die Buddhisten nennen dies den »Anfängergeist« –

DER MORGEN
BEGINNT
AM ABEND

und alles so zu erfahren, als würdest du es zum ersten Mal in deinem Leben machen. Das ist nicht kompliziert, kostet keine Zeit und ist zunächst total ungewohnt. Aber du kannst es immer und überall und bei allem tun, es ist eine hochinteressante Erfahrung.

VORBEREITUNG IST ALLES

Es mag dir banal vorkommen, aber tatsächlich ist es sehr entlastend, schon am Abend vorher das Outfit für den nächsten Morgen bereitzulegen und auch die Tasche zu packen, mit allem, was du am nächsten Tag mitnehmen willst. Du musst einfach am Morgen nicht mehr darüber nachdenken und sparst dir damit wertvolle Zeit.

Ordnung im Schlafzimmer fällt natürlich in die gleiche Kategorie wie die Küchen- und überhaupt Ordnung: Es schläft sich besser, wenn alle Klamotten weggeräumt und insbesondere die Schranktüren und Schubladen geschlossen sind. Auch wenn du nicht an die Harmonie spendenden Prinzipien des Feng Shui glaubst: Offene Schränke und Schubladen fühlen sich für das Unterbewusstsein wie unerledigte Aufgaben an und erzeugen Unruhe. Du kannst es ja einfach mal ausprobieren und dich neben eine geöffnete Schranktür zum Meditieren oder Vor-dich-Hinschauen setzen. Vielleicht kannst du dir aber auch so vorstellen, was ich meine? Schließlich haben wir auch im Kopf oft sehr viele offene Schubladen, also unerledigte Aufgaben, die uns unruhig machen und nerven. Fang einfach schon mal mit den äußeren Dingen an. Aus Erfahrung kann ich sagen: Die innere Ordnung schließt sich an die äußere Ordnung an und natürlich auch umgekehrt.

YOGA, YOGA, YOGA ...

Jaaaa ... es musste kommen ... Schließlich bin ich Yogalehrerin und kann es nicht lassen, all die wunderbaren Effekte des Yoga zu rühmen. Ein bisschen leichtes Yoga am Abend wird ganz von selbst für einen tieferen Schlaf sorgen, besonders dann, wenn du zu dem oben erwähnten Teil der Bevölkerung gehörst, der an Schlafstörungen leidet. Die Erklärung für den schlaffördernden Effekt des Yoga liefern gleich mehrere Studien: Durch die vertiefte Atmung wird der Parasympathikus aktiviert, das heißt der Teil des Nervensystems, der für einen niedrigen Puls und Blutdruck sorgt und das Stresslevel senkt. Die Dehnungen in den Übungen entkrampfen die angespannte Muskulatur – die Muskulatur ihrerseits wird durch das Nervensystem gesteuert. Ein entspannteres Nervensystem wiederum wird die Muskulatur nicht so schnell wieder in eine unangenehme, weil verkrampfte, Lage bringen. Dies erklärt auch, warum der wohltuende Effekt des Yoga am meisten nach den Übungen zu spüren ist und er so schlaffördernd wirkt.

DER MORGEN
BEGINNT
AM ABEND

Probier's aus! Ich mache es auch ganz einfach und unkompliziert. Wer ein bisschen mehr Yoga will, für den oder die habe ich noch einen kleinen Flow, also eine Abfolge von Yogahaltungen, auf der Matte parat. Vielleicht möchtest du ganz langsam und entspannt mit den Übungen im Bett anfangen und später einmal auf die Matte gehen, wer weiß? Sieh es als Experiment und bleibe spielerisch; versuche, dir keinen neuen Stress aufzubauen und etwa eine sogenannte Disziplin zu entwickeln. Wenn dir die Übungen Spaß machen und guttun, kommt die Disziplin von allein. Du musst auch nicht jeden Abend alles durchziehen, was ich hier als Abfolge vorschlage. Manchmal reicht eine einzige Übung, also maximal drei Minuten, um dir Entspannung und einen erholsamen Schlaf zu bringen.

SPÜREN AUS DEM STAND

Für die folgenden Übungen darfst du dich schon ins Bett legen, für die Übung Tadasana stelle dich aber zunächst vor oder neben dein Bett.

Tadasana

Die Füße sind am besten hüftbreit voneinander entfernt, sodass Fußgelenke, Knie und Hüften eine Linie bilden. Versuche, die Füße parallel auszurichten, also so, dass die zweiten Zehen parallel sind. Die große Zehe ist oft keine gute Bezugsgröße, da viele Menschen am mehr oder weniger ausgeprägten Hallux valgus leiden, der nach innen gebogenen und leicht verformten Großzehe. Wenn dir diese Fußstellung allerdings total unbequem und eventuell sogar schmerzhaft vorkommt, lass deine Zehen in die Richtung blicken, die dir angenehm erscheint. Versuche einfach, die Füße mit der Zeit immer paralleler auszurichten; je öfter du übst, desto leichter wird es dir fallen, diese ungewohnte Stellung einzunehmen.

Schließe nun die Augen und lass deine Aufmerksamkeit in die Füße wandern. Versuche, die Knie nicht durchzudrücken, sondern ganz sanft und minimal zu beugen. Spüre, wie sich die Füße auf dem Boden anfühlen. Haben alle Zehen Kontakt mit dem Untergrund? Die großen Zehen, die kleinen und die drei dazwischen? Wie fühlt sich der Ballen hinter den Zehen an, kannst du die Außenkanten der Füße wahrnehmen? Wenn du eher die Innenkanten spürst, hast du wahrscheinlich einen Knick- und/oder Senkfuß, aber das soll dich jetzt nicht weiter beschäftigen. Wenn du bei den Fersen angekommen bist, lass deine Aufmerksamkeit an den Beinen entlang nach oben wandern, über die Waden, Schienbeine, Knie und Oberschenkel zum Becken, den Hüften und dem Gesäß. Verweile kurz mit der Aufmerksamkeit bei diesem Geh- und Stehapparat und spüre, wie die Beine, Füße und Hüften miteinander verbunden sind.

Geh dann mit der Aufmerksamkeit zum Rumpf und nimm erst einmal wahr, ob sich irgendwelche Verspannungen bemerkbar machen. Lass deine Aufmerksamkeit wandern: in den Nacken, zwischen die Schulterblätter, zum oberen, mittleren und unteren Rücken, zum Oberkörper und Bauch und zum Gesicht. Nimm nur wahr, was jetzt gerade ist. Vielleicht kannst du die eine oder andere Verspannung willentlich lösen, die Schultern zum Beispiel nach unten und außen sinken oder den Kaumuskel loslassen. Versuche, deine Stirn ganz weit und glatt werden zu lassen und auch die Denkfalte zwischen den Augenbrauen zu »bügeln«.

DER MORGEN
BEGINNT
AM ABEND

Manche Verspannung lässt sich schlicht nicht willentlich lösen, das nenne ich gern die »alten Bekannten«: Muskelverhärtungen und -knoten, die du schon lange kennst und so einfach nicht loswirst. Registriere einfach nur, wie es deinem Körper gerade geht, und versuche nicht, irgendetwas zu verändern. Lass alle verärgerten, genervten und verzweifelten Gedanken, mit denen du deine »alten Bekannten« begrüßt, zu, aber lass diese Gedanken auch wieder gehen.

Versuche nun, innerlich ein Gesamtbild deines Körpers wahrzunehmen, wie einen Schnappschuss, den du jetzt in diesem Moment anfertigst. Geh mit deiner Aufmerksamkeit vom Scheitel bis zu den Fußsohlen und wieder zurück. Wenn du diesen Schnappschuss »gespeichert« hast, öffne langsam und sehr bewusst deine Augen und kehre so in dein Schlafzimmer zurück.

BETTYOGA

Nun hast du deinen Ist-Zustand genau wahrgenommen und bist dir selbst einen großen Schritt näher gekommen. Gerade nach einem anstrengenden Tag ist diese simple Übung eine echte Wohltat. Wundere dich nicht, wenn du auf einmal eine gigantische Müdigkeit und den kaum zu widerstehenden Drang spürst, dich sofort ins Bett zu legen.

Genau das, also dich ins Bett legen, darfst du jetzt, wenn du die Bettübungen machen möchtest. Ansonsten kannst du die nachfolgend beschriebene

Übungsabfolge auch auf der Matte durchführen. Dafür brauchst du eine oder zwei Decken, eventuell zwei Blöcke oder zwei Kissen für die Oberschenkel und ein kleines Kissen für den Kopf.

AUGENTROST

Kennst du das? Am Ende eines langen Tages – womöglich hast du einen großen Teil davon am Computer verbracht – sind die Augen müde. Sie brennen vielleicht ein wenig, sind trocken, die Lider fühlen sich schwer an und die Muskulatur um die Augen herum scheint zu rufen: »zumachen!!!«. Fatalerweise folgen wir diesem Ruf nicht, sondern schalten oft Fernseher oder Computer auch zu Hause an, um zur »Entspannung« E-Mails oder soziale Netzwerke und wieder die Augen zu bemühen. Darüber hinaus sorgen verspannte Augen auch für einen verspannten Nacken und umgekehrt – ein verspannter Nacken kann die Augenmuskulatur verkrampfen.

Wenn du nun also im Bett liegst, kannst du durch das sogenannte Palmieren, das Handauflegen (von englisch »palm« – Handfläche), eine gezielte und ganz simple Augenübung, den Stress, dem deine Augen den ganzen Tag über ausgesetzt waren, loslassen. Und nicht nur das: Durch das Palmieren beruhigen sich der Sehnerv und der gesamte optische Apparat, die dazugehörigen Gehirnareale und damit in Folge auch das Nervensystem.

Du liegst auf dem Rücken und rekelst und streckst dich zunächst. Gähne und seufze, wenn dir danach ist. Lege dir links und rechts Kissen unter die Oberarme und Ellenbogen, um sie zu stützen. Reibe nun deine Handflächen ganz schnell und kräftig aneinander, sodass du spürst, wie Wärme zwischen den Händen entsteht. Lege die warmen Handflächen auf die geschlossenen Augen, die Hände bilden eine Art Schale und berühren die Augen nicht. Die Finger liegen an der Stirn, die Handballen auf den Wangenknochen, die Ellenbogen und Unterarme ruhen auf den Kissen.

DER MORGEN
BEGINNT
AM ABEND

Genieße die Wärme, die von den Händen ausgeht, und atme ruhig und langsam. Zur Verstärkung der Augenerholung kannst du dir eine schwarze oder dunkelblaue Fläche vorstellen. Fällt dir das schwer, hol dir das Bild eines entsprechend gefärbten Gegenstands vor Augen oder denke an den Nachthimmel. Lass dich und deine Augen in diese dunkle Fläche hineinfallen, schmelzen, sinken. Schicke die Wärme deiner Hände von den Augen in das Gesicht, den Nacken, in das Gehirn, lass alle Spannung los. Bleibe so lange in dieser angenehmen Wärme und Entspannung, wie du es brauchst.

Nimm zum Schluss die Hände von den Augen, ohne diese zu öffnen. Leg die Hände neben den Körper und spüre nach. Vielleicht fühlst du noch ein Echo der warmen Hände auf den Augen.

Diese Übung kannst du natürlich auch im Laufe des Tages am Schreibtisch ausführen, um Nacken und Augen eine Pause zu gönnen. Dafür stellst du die Ellenbogen einfach auf den Schreibtisch und lässt den Kopf mit den Augen voran in die vorgewärmten Handflächen sinken. Vielleicht kannst du die optische Erschöpfung so etwas eindämmen.

ENTSPANNTE FÜSSE – ENTSPANNTE AUGEN

Ganz wunderbar finde ich auch den Tipp einer Freundin, die als Heilpraktikerin viel mit der alten indischen Gesundheitslehre Ayurveda arbeitet: Wenn du etwas mehr Zeit am Abend hast – vielleicht im Urlaub oder am Wochenende –, massiere dir vor dem Schlafen doch mal selbst die Füße. Natürlich ist es nicht verkehrt, wenn dein/e PartnerIn übernehmen möchte …

In der Mitte der Fußsohlen befinden sich laut Ayurveda zwei große Energiebahnen, die mit den Augen verbunden sind. Enges Schuhwerk, eine schwache Fußmuskulatur, Haltungsschäden und zu viel Hitze oder Kälte beeinträchtigen den Energiefluss und somit die Sehkraft. Klingt unwahrscheinlich? Nachdem ich bei einer Ayurvedakur in Indien durch das bloße Einträufeln von Ghee (klarem Butterfett) in die Augen – dies bitte nicht alleine zu Hause durchführen – und Fußmassagen innerhalb von fünf Tagen meine Sehkraft um 0,5 Dioptrien verbessern konnte, habe ich ein recht großes Zutrauen zu dieser alten Lehre!

Probiere es einfach mal aus: Eine Fußmassage mit warmem Sesam- oder Mandelöl ist so wunderbar entspannend, wärmend und zudem fußpflegend, dass allein diese Wirkungen den »Aufwand« schon wert sind. Sesamöl entgiftet und wärmt, trocknet die Haut aber ein wenig aus. Wenn du also zu rissigen Füßen und dicker Hornhaut neigst, nimm lieber Mandelöl oder mische die beiden Öle zu gleichen Teilen. Fülle das Öl in eine kleine Schale oder Tasse und stelle diese auf die eingeschaltete Heizung oder auf den Herd in ein Wasserbad; dafür einen größeren Topf mit etwas Wasser füllen, die Tasse oder Schale hineinstellen und das Öl langsam erwärmen.

Währenddessen kannst du die Füße mit einem Basensalz-Fußbad für 10 bis 20 Minuten in einer kleinen Wanne vor-entspannen, wenn du das magst. Fülle die Wanne mit heißem Wasser, um das Basensalz unter Rühren darin aufzulösen. Dann mit lauwarmem Wasser auffüllen und etwas Lavendelöl dazugeben. Beides bekommst du günstig in jedem Drogeriemarkt. Lavendelöl wirkt wunderbar beruhigend und ausgleichend, das Basensalz hat eine entgiftende und entsäuernde Wirkung. Bei dieser Gelegenheit danke ich immer gern meinen Füßen. Ich danke ihnen, dass sie mich so sicher durchs Leben tragen und sich nie beschweren, obwohl sie ihr Dasein allzu oft in viel zu engen Schuhen fristen oder mich gar auf High Heels balancieren müssen. Inzwischen dürfte das Öl angenehm erwärmt sein, und du kannst zur Fußmassage übergehen. Trockne die Füße sorgfältig ab, auch zwischen den Zehen. Am besten hast du ein kleines Handtuch griffbereit, damit das Öl nicht auf Schlafanzug und Laken verteilt wird. Lehne dich an, wenn es in deinem Bett möglich ist, oder setze dich aufrecht auf ein Kissen. Wenn du RechtshänderIn bist, beuge das rechte Bein und lege den rechten Fuß nun in die Nähe des linken Oberschenkels, sodass du den Fuß bequem in die linke Hand legen kannst. LinkshänderInnen können gern links beginnen. Verteile nun mit der rechten Hand etwas warmes Öl auf der Fußsohle und streiche den Fuß mit dem Daumen mit kräftigen Bewegungen von der Mitte der Sohle bis zum Ballen aus. In der Mitte der Fußsohle sind die Muskulatur und die sie umgebende Faszie oft verspannt, verweile dort also mit kreisenden und kräftigen Bewegungen. Nimm anschließend noch etwas Öl und verteile es auf den Zehen. Nimm jeden Zeh zwischen Daumen und Zeigefinger und streiche ihn kräftig nach außen zur Zehenspitze aus. Zum Abschluss nimm den Fuß in beide Hände und knete ihn von beiden Seiten, auf dem Fußrücken und der Fußsohle, ordentlich durch. Lege den Fuß ab und, wenn du willst, auch dich kurz auf den Rücken, um zu genießen und den deutlichen Unterschied zwischen den beiden Füßen wahrzunehmen. Nimm dir danach den anderen Fuß vor.

Ich ziehe nach der Massage gern Socken an, um mein Bett vor dem Öl zu schützen und, was viel wichtiger ist, den herrlich pflegenden Effekt des Öls zu verstärken. Im Laufe der Nacht ziehe ich die Socken im Schlaf sowieso wieder aus ...

KAPITEL 2

HAPPY HIPS

Nach Augen, Nacken und Füßen wollen wir uns um die durch langes Sitzen, Stehen oder Gehen malträtierten Hüftbeuger und um deinen Oberkörper kümmern. Die Hüftbeuger befinden sich innen an der Hüfte, genauer, in der Lende, zwischen Unterbauch und Oberschenkel, und sorgen dafür, dass du deine Hüfte öffnen oder schließen kannst. Sie fristen im normalen Berufsleben ein tristes Dasein, denn obwohl unsere Hüften wegen eines Kugelgelenks in alle Richtungen sehr beweglich sind, sitzen wir meist und beugen die Hüften lediglich parallel und geschlossen nach vorn. Beim Gehen beugen wir die Hüfte nach vorn und ein wenig nach hinten und beim Stehen wird gar nichts gebeugt.

Der Oberkörper hat es auch nicht besser: Die Schultern rollen in der üblichen Sitzhaltung am Computer nach vorn, der obere Rücken wird rund und der Brustkorb sinkt ein.

Da du jetzt so schön im Bett liegend aber sicher keine Lust auf große Verrenkungen hast, nutzen wir die Gelegenheit für eine komplett passive Dehnung der Hüftbeuger und des Oberkörpers.

Konasana

Für die Übung Konasana kannst du eine oder auch zwei Decken mehrmals falten und übereinander stapeln, sodass du sie unter deinen Rücken und zwischen deine Schulterblätter legen kannst. Platziere dein Kopfkissen hinter der Decke. Setze dich dann in der sogenannten Winkelhaltung mit dem Gesäß ganz nah an die gefaltete Decke: Die Fußsohlen liegen aneinander, möglichst nah am Körper, die Knie sinken nach außen und unten. Du kannst auch weitere Kissen oder Bettdecken unter die Oberschenkel legen, wenn deine Knie sehr weit in der Luft hängen, und so deine Oberschenkel von unten stützen. Lass dich auf die gefaltete Decke sinken, deinen Kopf bettest du bequem auf das Kissen. Lege deine Hände neben den Körper, etwa 45 Grad entfernt, die Handflächen zeigen nach oben. Du solltest spüren, dass sich dein Brustkorb nun langsam öffnet. Atme zusätzlich ganz weit nach oben in den Brustkorb und bis zu den Schlüsselbeinen, um diese Öffnung zu unterstützen. Verweile in dieser Haltung mindestens zehn tiefe Atemzüge. Oft kann die Winkelhaltung dermaßen beruhigend wirken, dass du recht bald einschläfst. Kein Problem, Ziel erreicht.

Wenn du aber noch Kapazitäten hast, komm sanft aus der Haltung heraus, indem du die Oberschenkel mithilfe der Hände langsam zusammenschiebst. Stelle die Füße mehr als hüftbreit auf und lehne die Knie aneinander. Rolle kurz zur Seite, um die Decke(n) unter deinem Rücken wegzuziehen. Genieße das Gefühl der geöffneten Hüften und des weiten Brustkorbs mit den angestellten Beinen, dann lass die Beine lang ausgleiten.

EIN KROKODIL IM BETT

Unsere Wirbelsäule leidet ebenfalls unter der Einseitigkeit des modernen Lebens: Obwohl sie sich in acht Richtungen bewegen kann (vorwärts, rück-

KAPITEL 2

wärts, seitwärts links und rechts, drehen nach links und rechts, strecken und zusammenziehen), nutzen wir davon meist nur eine Richtung – die nach vorn. Wie wohltuend die Rückbeuge sein kann, hast du ja nun schon bei der mit einer Decke unterstützten Winkelhaltung erfahren. Ganz wunderbar finde ich auch die Wirkungen der Wirbelsäulendrehung wie im Krokodil. Auch diese Übung findet im Wesentlichen passiv statt.

Und natürlich auch im Bett: Du liegst immer noch auf dem Rücken, der Kopf befindet sich nicht auf dem Kissen. Die Arme legst du im 90-Grad-Winkel vom Körper weg, wie ein T, die Handflächen zeigen nach oben in Richtung Zimmerdecke.

Stelle den rechten Fuß oberhalb des Knies auf das linke Bein und atme tief ein. Mit der Ausatmung lässt du das Knie nach links Richtung Boden sinken und drehst gleichzeitig den Kopf nach rechts. Achte darauf, dass sich die rechte Schulter nicht zu weit abhebt, damit dein Nacken es bequem hat. Sollte dies der Fall sein, dann lass dein Bein nicht ganz so weit Richtung Boden sinken oder polstere das Knie mit einem Kissen oder deiner Bettdecke. Du kannst auch die linke Hüfte noch ein bisschen nach rechts schieben, um die Drehung zu verstärken und die rechte Schulter zu entlasten.

Nun lass alle Muskeln los, auch die Bauch-, Gesäß-, Oberschenkel- und Wadenmuskulatur. Der Fuß darf vom anderen Bein herunterrutschen. Wenn du willst, kannst du auch die linke Hand auf das rechte Knie legen (nicht drücken!): Die Schwerkraft sorgt dafür, dass dein Knie noch ein bisschen weiter herabsinkt.

Wenn dir die Drehung im unteren Rücken zu stark ist und deine linke Schulter zu sehr in der Luft schwebt, was eine Nackenverspannung nur noch betonen würde, kannst du aber auch einfach nur die Knie zum Brustkorb ziehen und sie dann auf die linke Seite ablegen. Eine Drehung findet hier genauso statt, und dein Nacken bleibt entspannter.

Krokodil

Bleibe hier für mindestens fünf Atemzüge, dann drehe dich langsam mit der Einatmung zurück. Erst das Bein wieder neben das andere ablegen, dann den Kopf wieder in die Mitte bringen. Sortiere deine Hüften, damit dein Körper gerade liegt; setze dann den linken Fuß oberhalb des rechten Knies ab und wiederhole den Ablauf auf der anderen Seite. Versuche wirklich, in dieser Stellung komplett loszulassen; atme ruhig und entspannt und gehe nur so weit, wie es deine Atmung erlaubt. Bleibe nach der Übung noch ein wenig mit ausgetreckten Beinen und den Armen am Körper oder den Händen auf dem Bauch liegen und genieße die Entspannung.

ENDLICH DIE FÜSSE HOCHLEGEN

Musstest du am Tag für längere Zeit stehen, gehen oder sitzen, ist die folgende Übung auch sehr wohltuend und ganz einfach auszuführen, selbst wenn ihr Name kompliziert klingen mag: Viparita Karani. Ich hoffe, dein Bett steht zumindest an einer Seite an einer Wand, dann ist diese Übung leicht im Bett machbar.

Viparita Karani

Lege dich dafür einfach mit den Füßen in Richtung Wand, rutsche mit dem Gesäß an den Bettrand oder auch die Rückenlehne heran und lege die Füße mit ausgestreckten Beinen an die Wand. Wenn du magst, kannst du wie bei Konasana (siehe S. 59 f.) auch die Decke(n) unter deinem Rücken platzieren und deinen Kopf auf ein Kissen legen und so noch einmal eine kleine Rückbeuge zur Brustöffnung herstellen. Viparita Karani sorgt dafür, dass deine Beine entlastet werden, dass der Rückfluss des Blutes zum Herzen angeregt wird und Wasseransammlungen in den Beinen und Füßen verschwinden. Krampfadern mögen diese Haltung gar nicht, außerdem beruhigt sich das Nervensystem durch diese Umkehrhaltung. Kurz: die beste Vorbereitung für einen tiefen und gesunden Schlaf.

Du kannst in dieser Position ebenfalls zehn Atemzüge bleiben oder auch so lange, wie es sich für dich gut anfühlt. Am Ende der Übung ziehe die Knie wieder Richtung Brustkorb und rolle dich auf die Seite – auf welche, überlasse ich dir. Genieße noch einmal kurz diese kuschelige Haltung und lege dich dann wieder in deiner gewohnten Schlafrichtung auf den Rücken.

Das sogenannte Nachspüren, das du auch auf dem Rücken liegend an dieser Stelle einflechten kannst, hat durchaus seinen tieferen Sinn: Damit integriert dein Nervensystem alle Bewegungen und Empfindungen, die du gerade durchlebt hast. Der Effekt der Übungen wird so nachhaltiger, ähnlich wie bei Savasana (gesprochen: Schavasana), der abschließenden Entspannung im Liegen beim Yoga.

DER MORGEN
BEGINNT
AM ABEND

Wie gesagt: Du kannst alle drei Übungen hintereinander durchführen oder nur eine oder zwei Übungen machen, ganz nach Stimmung, Müdigkeit und momentanem Bedürfnis.

EINFACH ATMEN

Nach diesen kleinen Verbiegungen und dem Mini-Savasana könntest du bereits eingeschlummert sein. Wenn nicht, habe ich noch eine ganz simple Atemübung für dich, die mich normalerweise innerhalb von ein paar Atemzügen in Morpheus Arme wirft.

Atemübung

Du liegst immer noch auf dem Rücken, die Füße ein wenig auseinander platziert. Lege nun die rechte Hand auf dem Bauch und die linke auf dem Brustbein ab. Die Zungenspitze ruht hinter den oberen Schneidezähnen, der Unterkiefer senkt sich sanft nach unten, sodass sich die Zähne von Ober- und Unterkiefer nicht berühren. Schließe die Augen, alle Muskeln dürfen nun entspannen, insbesondere im Gesicht.

Beginne nun, sanft und ohne Druck in die untere Hand zu atmen, also zu spüren, wie sich die Bauchdecke bei jeder Einatmung sachte gegen die Hand schiebt und bei jeder Ausatmung wieder einsinkt. Bleibe drei Atemzüge mit deiner Aufmerksamkeit dabei, dann versuche, den Atem zu vertiefen, indem du auch in die Hand auf deinem Brustkorb atmest. Spüre auch hier die Bewegung, die der Atem verursacht: Bei der Einatmung weitet sich der Brustkorb, die Ausatmung lässt ihn wieder einsinken. Versuche, ganz bei deiner Atmung zu sein, aber forciere nichts. Du musst nicht besonders tief oder langsam atmen, lass einfach zu, was kommt. Eine kuriose Tatsache: Durch die Beobachtung des Atems verändert er sich schon.

Versuche nun, die Ausatmung etwas länger werden zu lassen als die Einatmung. Du kannst, wenn es dir hilft, auch dabei zählen, zum Beispiel bei der Einatmung bis vier und bei der Ausatmung bis sechs oder sogar acht. Natürlich geht auch drei und sechs oder fünf und zehn – mach es so, wie es sich gut anfühlt für dich. Statt Schäfchen zählst du nun Atemzüge ...
Spüre neben der Bewegung, die der Atem im Körper auslöst, auch die Wärme und das Gewicht deiner Hände auf Bauch und Brustkorb. Lass dich mit jeder Ausatmung tiefer in die Matratze sinken und genieße dieses Hineinschmelzen in den Untergrund.

Die Verlängerung der Ausatmung senkt deinen Puls und Blutdruck, das Nervensystem fährt herunter und es tritt dadurch eine sofortige Beruhigung des Gehirns ein. Durch das Zählen kannst du darüber hinaus trickreich die Gedankenflut eindämmen, die dich vielleicht manchmal vom Schlafen abhält.

Die Fortgeschrittenen oder diejenigen, denen diese Art der Atmung ganz leichtfällt, können eine Alternative ausprobieren: Die Übung mit dem charmanten Namen 4-7-8 ist ein Klassiker, der auch die hartnäckigsten Einschlafprobleme lösen kann. Dafür zählst du beim Einatmen bis vier, hältst auf sieben Zählzeiten die eingeatmete Luft an und atmest auf acht aus dem Mund aus. Durch das Anhalten des Atems kann der eingeatmete Sauerstoff noch einmal ganz ordentlich durch dein Blut und damit durch den ganzen Körper zirkulieren. Extreme Entspannung und baldiges Einschlafen folgen fast zwangsläufig ...

Gute ... Nacht ...

3

MIT LEICHTIGKEIT

IN DEN

MORGEN

MIT
LEICHTIGKEIT
IN DEN MORGEN

TECHNIKFUHRPARK ZUR SCHLAFANALYSE?

Aufwachen ist nicht einfach nur Aufwachen, es gibt da verschiedene Möglichkeiten. Die sicher schönste: nach einer langen und erholsamen Nacht von der Sonne wachgekitzelt zu werden. Eine der unangenehmeren Varianten ist sicherlich, vom Kreischen des Weckers aus dem Tiefschlaf gerissen zu werden. In diesen Momenten kann man Ausdrücke wie »wie durch den Wolf gedreht« oder »wie vom Panzer überfahren« wunderbar nachvollziehen. Im Tiefschlaf geweckt zu werden ist wie ein Schock für dein Nervensystem. Egal, wie lange du geschlafen hast, du wirst dich schlichtweg platt und in keinster Weise erholt fühlen.

Erholsamer ist es, in der Leichtschlafphase geweckt zu werden, da du ohnehin schon am Rande des Aufwachens entlangschlummerst. Aber so ein Wecker klingelt eben, wann er klingelt, denn du musst ja schließlich zu einer bestimmten Zeit aufstehen, wenn du einen Job hast, der dies erfordert. Natürlich gibt es heutzutage auch zum Thema Schlaf und Aufwachen allerlei technischen Schnickschnack, der uns helfen soll, in der richtigen Schlafphase aufzuwachen. Schlafphasen-Apps, die deine Bewegungen übers Handy im Schlaf messen und so die Leicht- von der Tiefschlafphase unterscheiden sollen, sind allerdings ein Widerspruch zu dem, was ich vorher beschrieben habe: Dafür musst du nämlich dein schlaues Telefon nachts anlassen und neben dir am Bett liegen haben.

Wenn du nicht an massiver Übermüdung und/oder Schlafstörungen leidest und es deswegen medizinisch notwendig sein könnte, im Schlaf technische Gerätschaften zur individuellen Schlafphasenermittlung wie Sensoren und Armbanduhren zu benutzen, kommt mir das irgendwie übertrieben vor. Meinen Schlaf würde das Zeug jedenfalls eher stören. Vielleicht Geschmackssache – du kannst dich ja darüber informieren, wenn du dir das gut vorstellen kannst. Im Internet gibt es zum Thema Schlafphasenwecker einiges zu lesen.

Natürlich gibt es auch eine ganze Reihe von Wecker-Apps und bis dieses Buch erscheint vermutlich noch ein paar mehr. Du kannst dir ganz nach Gusto etwas aussuchen. Lustig fand ich die Variante, die ein Musikerkollege von mir verwendet: Man kann einen selbst gewählten Text in die App eintippen und wird dann morgens von einer charmanten oder auch richtig fiesen Stimme geweckt, je nachdem, was du einstellst und brauchst.

Eine ganz »altmodische«, weil technikbefreite Methode ist die Erstellung eines Schlaftagebuches. Diese werden vom Arzt für Insomnie-Patienten (extreme Schlafstörungen) zur Verfügung gestellt. Über zwei Wochen trägst du hier dein Schlafverhalten ein, von der Zubettgehzeit über die Aufwachzeit bis hin zum subjektiven Gefühl am Tag und Alkoholkonsum am Abend oder Stressfaktoren. Es gibt im Internet einen Vordruck von der Deutschen Gesellschaft für Schlafforschung und Schlafmedizin zum Herunterladen (siehe Anhang). Diesen Fragebogen kannst du aus purem Interesse ausfüllen, es muss keine schwere Schlafstörung vorliegen.

MIT
LEICHTIGKEIT
IN DEN MORGEN

EIN LICHTBLICK

Eine sehr interessante und sinnvolle Alternative zum herkömmlichen Wecker stellt der so genannte Lichtwecker dar: Durch die langsame und bei guten Weckern individuell einstellbare Steigerung der Helligkeit einer Lampe mit viel Blauanteil wird das bereits erwähnte Schlaf-Wach-Rhythmus steuernde Hormon Melatonin ausgeschüttet, und du kannst entspannt und sanft aus dem Schlaf auftauchen. Ich selbst habe das Glück, dass ich ein gemäßigter Frühtyp und Freiberuflerin bin und morgens für mein Empfinden nicht zu früh aufstehen muss. Ich brauche deswegen keinen Wecker, außer ich muss einen Urlaubsflug oder -zug erreichen ...

AUFSTEHEN NACH JAHRESZEITEN

Zu diesem Thema gibt es eindeutige Untersuchungen, die belegen, dass der Lichtwecker besonders für Nachteulen und in den Wintermonaten, wenn es erst später hell wird, eine tolle Aufweckmethode darstellt. Ich weiß ja nicht, wie es dir geht: Im Winter falle ich durchaus in eine Art Winterschlaf und wache »von Natur aus« später und erst nach acht Stunden Schlaf auf. Im Frühling und Sommer kann es hingegen passieren, dass ich schon nach sechs oder sieben Stunden Schlaf total fit und erfrischt um 6 Uhr auf der (Yoga-)Matte stehe. Wie gesagt, ich genieße das Privileg eines relativ weckerfreien Lebens. Aber selbst wenn du jeden Tag vom netten Kumpel Wecker aus dem Schlaf gerissen werden musst, kannst du dich ja vielleicht etwas an die Jahreszeiten anpassen. Das würde bedeuten, im Winter etwas früher ins Bett zu gehen, eventuell Wechselduschen am Morgen anzupeilen, abends ein Tässchen Kräutertee zum inneren Aufwärmen zu trinken und den Abend insgesamt ruhiger zu gestalten. Vielleicht kannst du im Sommer sogar den Sonnenaufgang genießen? Vieles machst du sicher schon instinktiv, weil wir trotz aller Zivilisation doch noch ein kleines bisschen mit der Natur und ihren Rhythmen verbunden bleiben.

ZEIT FÜR EINE ZEITUMSTELLUNG

Seit 1980 müssen wir hierzulande bekanntlich zweimal im Jahr die Uhr umstellen, einmal Ende März um eine Stunde vor und einmal Ende Oktober eine Stunde zurück. Besonders die „verlorene" Stunde der Sommerzeit fühlt sich für empfindsame SchläferInnen wie ein kleiner Jetlag an. Denn das Licht ist der Taktgeber für den Schlafrhythmus, wie wir bereits gesehen haben. Ist es nun, wie bei der Umstellung zur Sommerzeit, von einem Tag auf den anderen eine Stunde länger hell, verspürt unser Körper aufgrund der veränderten Hormonlage weniger Schlafbedürfnis.

Für die Eulen, also den Spättyp, der gern spät ins Bett geht und ebenso spät wieder aufsteht, ist diese Rhythmusänderung ein echtes Elend. Denn die Nachtvögel müssen nun nicht nur eine Stunde früher am Arbeitsplatz erscheinen, sondern sind abends aufgrund der Lichtverhältnisse auch noch viel länger wach. Schlimmer noch: Der Gewöhnungseffekt, den Verteidiger der Sommerzeit als Argument liefern, tritt für Eulen im Regelfall nicht ein. Das Münchner Forscherteam um den bereits zitierten Professor Till Roenneberg jedenfalls fand im Rahmen einer Studie heraus, dass sich die Spättypen auch nach vier Wochen nicht von der Zeitumstellung erholt hatten. Die Chronobiologen vermuten sogar, dass die Nachteulen erst mit der Umstellung zur Winterzeit wieder zu einem halbwegs geschmeidigen Schlaf- und Wachrhythmus zurückfinden können.

LICHTWECKER UND HORMONE

Die Dämmerung am Abend sorgt dafür, dass die Melatoninausschüttung angekurbelt wird, also des Hormons, das Müdigkeit auslöst. Die Dämmerung am Morgen hingegen setzt Cortisol frei, das für das sanfte Aufwachen zuständig ist. Nun leben wir in der westlichen Zivilisation im Allgemeinen nicht besonders naturverbunden, da Arbeits- und Wohnsituation dies verhindern. Mit der Sonne ins Bett zu gehen und wieder aufzustehen können und wollen die wenigsten Menschen in die Tat umsetzen, auch wenn es die gesündeste und natürlichste Lebensweise wäre.

Lichtwecker nutzen die enge Verknüpfung des menschlichen Hormonhaushalts mit der Lichtsituation. So gibt es Modelle, die auch mit einer Sonnenuntergangsfunktion ausgestattet sind, um ein müheloseres Einschlafen zu ermöglichen. Am Morgen wird von dem Gerät entsprechend der Sonnenaufgang nachgeahmt, wobei eine Dimmerlampe zur Simulation des langsam heller werdenden Sonnenlichts dient.

Diese sogenannte Dämmerungssimulation ist Gegenstand mehrerer Studien. Professor Christian Cajochen vom Zentrum für Chronobiologie der Universitären Psychiatrischen Klinik in Basel zum Beispiel ist nach einer eingehenden Studie mit Probanden überzeugt: »Der Lichtwecker ist nicht nur ein Modetrend.« Laut einer Studie seiner Klinik verschob die Anwendung des Lichtweckers bei seinen Probanden die Cortisolproduktion im Körper bereits nach acht Tagen.

Das Hormon Cortisol erreicht die höchste Konzentration im Blut direkt nach dem Aufwachen und sorgt dafür, dass der Körper sofort leistungsfähig ist. Im Laufe des Tages wird immer wieder Cortisol freigesetzt, um wichtige Stoffwechselvorgänge aufrechtzuerhalten. Gegen Abend wird im Normalfall kein Cortisol mehr ausgeschüttet, und um Mitternacht geht die Ausschüttung gegen null. Stress bringt dieses hervorragend ausgetüftelte System durcheinander: Stress durch Zeitdruck, übermäßige optische und akustische Reize, Schlafmangel – kurz: die moderne Lebensweise – sorgen dafür, dass Cortisol dauerausgeschüttet wird, auch am Abend. Die Folgen: Neben enormen Muskelverspannungen und vielem mehr unter anderem auch (Ein-)Schlafstörungen.

Normalerweise wird das Hormon in der Nacht während des Schlafs in den Nebennieren gebildet und wie bereits erwähnt kurz nach dem Aufwachen zur Verfügung gestellt. Nur ein tiefer und erholsamer Schlaf garantiert aber, dass die Cortisolausschüttung am Abend und bis Mitternacht ebenfalls ruht. Stress löst also einen hormonellen Teufelskreis aus, der ohnehin Schlafgestörte noch mehr um ihre Nachtruhe bringt. Zudem bedeutet das Wecken vor der natürlichen Zeit, also bevor das Hormon im Blut bereitgestellt wird, zusätzlichen Stress für den Körper und das Nervensystem und wirkt physiologisch wie ein Schock.

Mit dem Lichtwecker kann die Hormonproduktion laut Professor Cajochen also wieder ins Lot gebracht werden, da das Cortisol dann ausgeschüttet wird, wenn es gebraucht wird, besonders morgens und in geringerer Konzentration während des Tages.

In einer Studie aus den Niederlanden erwies sich, dass sich die Schlafqualität mit dem Einsatz des Lichtweckers laut Aussage der Probanden in 35 Prozent der Fälle schon nach sechs Tagen deutlich verbessert hatte.

Eigentlich klar, aber trotzdem soll es hier nochmal explizit erwähnt werden: Solltest du dir einen Lichtwecker anschaffen, beachte unbedingt, dass das Schlafzimmer während der Nachtruhe abgedunkelt sein muss. Ansonsten wäre der Helligkeitsunterschied, den der Lichtwecker als Simulation des Sonnenaufgangs verursacht, für das Nervensystem nicht wirklich bemerkbar. Besonders im Sommer, wenn es zur Aufweckzeit schon hell sein kann, bringt ein Lichtwecker bei offenen Rollos oder Vorhängen leider nichts. Du würdest bereits mit dem Sonnenaufgang aufwachen.

MIT
LEICHTIGKEIT
IN DEN MORGEN

AUFTAUCHEN IM KOPF

Hat der Wecker, in welcher Weise auch immer, brav seinen Dienst getan oder bist du von allein wach geworden, beginnt nun der strategisch entscheidende Teil: aus dem Bett kommen, geschmeidig, entspannt, hochmotiviert, gut gelaunt ... stopp! Nicht übertreiben, zu große Erwartungen führen nur zu Verspannungen. Versuche stattdessen, wieder einmal ganz im Augenblick anzukommen. Spüre erst einmal nur und lass die Augen noch geschlossen. Wie geht es dir? Fühlst du dich müde und zerschlagen, tut etwas weh oder scheint gerade alles in Ordnung? Nimm dir diese eine Minute, um aus dem Reich des Schlafs sanft in die sogenannte Realität des Wachseins hinüberzugleiten.

Für die ganz Müden, zu denen ich natürlich auch ab und zu gehöre, habe ich eine Methode entwickelt, um dem Wiedereinschlafen ein Schnippchen zu schlagen. Wenn ich nämlich merke, dass ich mich beim Aufwachen noch unglaublich ermattet fühle, und die Augen nicht aufbekomme, wende ich den folgenden Trick an: Ich stelle mir vor, ich schwimme unter Wasser und tauche ganz langsam in Richtung Oberfläche auf. Ich mache ganz sanft mit Füßen und Händen »Schwimmbewegungen« und sehe von unten schon das Sonnenlicht, das in das klare Wasser einfällt. Stück für Stück schwimme ich diesem Licht entgegen. Wenn ich schließlich knapp unter der Oberfläche angekommen bin, stoße ich durch die Wasseroberfläche und nehme an der frischen Luft einen tiefen und erfrischenden Atemzug. Dieser kleine Trick funktioniert immer – ich schlafe nicht wieder ein und fühle mich auf jeden Fall erfrischter und wacher als kurz vorher.

Vielleicht fällt dir ein anderes Bild oder eine andere Tätigkeit ein, die dich im wahrsten Sinne des Wortes zum Leben erwecken kann – nutze die wunderbare Eigenschaft deines Gehirns, alles für Realität zu halten, das es sich gerade ausdenkt. Hier ein paar Ideen: Sommerregen, der dich sanft erfrischt, auf einem Berg stehen, in die Ferne blicken und frische Luft atmen, Sonne vom Himmel ins Herz scheinen lassen ...

Wenn du deine Aufwachvorstellung nur intensiv genug pflegst, werden genau jene neuronalen und chemischen Prozesse stattfinden, die du zur Energiesteigerung brauchst. Ein tolles Ding, dieses menschliche Gehirn!

KATZEN HABEN RECHT

Ein alter Hut, aber ewig gültig ist es, dass Rekeln, Strecken und herzhaftes Gähnen (Miauen?) wie eine Katze deinen Körper optimal aufweckt. Alle Muskeln, Sehnen, Bänder, Knochen und letztendlich die Faszien, die all dies und auch die Organe umgeben, werden angeregt, besser durchblutet und mobilisiert. Nach dem Aufwachen sind nämlich auch all diese Strukturen noch im Schlafmodus, also komplett entspannt. Für die Muskeln heißt das beispielsweise, dass sie ordentlich verkürzt sind – zum Test kannst du nach dem Aufstehen mal eine ganz einfache Vorbeuge im Stehen versuchen. Und am Abend dann noch mal eine ... Du wirst einen erstaunlichen Unterschied feststellen! Selbst ich als durchgedehnte Yogalehrerin habe am frühen Morgen echt Mühe, in der Vorbeuge meine Zehen zu erreichen; am

MIT
LEICHTIGKEIT
IN DEN MORGEN

Abend hingegen kann ich meine Hände ganz entspannt neben die Füße legen und beuge auch noch die Ellenbogen. Und das nicht nur, weil ich ein paar Stunden gegeben und/oder praktiziert habe, das geht genauso an einem yogafreien Tag, denn auch die gibt es manchmal. Im Laufe des Tages verlängern sich die Muskeln automatisch durch die ganz normalen alltäglichen Bewegungen wie Gehen und Stehen.

YOGA – IMMER NOCH IM BETT

Deswegen ist so manche Yogaübung am frühen Morgen etwas mühsamer als am Abend. Was dich natürlich nicht abhalten sollte. Hier kommen nämlich gleich mal ein paar davon!

Bist du also nach oben getaucht und hast dich genüsslich gestreckt und gedehnt, kannst du die ersten Yogaübungen wieder im Bett ausführen, und das auch noch gemütlich unter der Bettdecke, wenn es dir ohne Decke zu kalt sein sollte.

Eine Randbemerkung zum Yoga und seinem Nutzen am Morgen: Durch die tiefe Atmung wird dein System ordentlich hochgefahren, alle Zellen bekommen Sauerstoff, der Kreislauf wird angeregt. Die Muskulatur, die sich im Schlaf verkürzt, wird wieder gedehnt, der Blut- und Lymphfluss auf Trab gebracht. Nackenverspannungen und/oder Kopfschmerzen können verschwinden, Stress reduziert und die Gedanken werden beruhigt und geordnet, selbst nach einer Nacht mit unruhigem Schlaf – kurzum: Du wirst dich topfit und lebendig fühlen. Ehrenwort! Und los geht's:

Vorbereitung

Rutsche zunächst ein Stück Richtung Bettende, sodass du deine Arme hinter dem Kopf ausstrecken kannst. Liegt gerade kein »störender« Partner im Bett, kannst du dich auch diagonal auf die Matratze legen, um so mehr Platz zu haben. Strecke zunächst einmal ganz bewusst deine Beine. Ziehe die Zehen sanft Richtung Schienbein, damit auch die Waden in den Genuss einer Verlängerung kommen. Mache Fäuste mit den Händen oder greife mit einer Hand das andere Handgelenk und strecke deine Arme über den Kopf, Beine und Arme streben in entgegengesetzte Richtungen. Biege dabei ruhig ein bisschen deine Wirbelsäule nach oben, indem du das Becken etwas nach vorn (bzw. korrekt: nach oben – im Liegen) kippst. Versuche, dich wie eine Schlange geschmeidig aus der Wirbelsäule heraus über die Matratze zu schlängeln, der Rücken bleibt dabei stets im Kontakt mit der Unterlage. Vielleicht möchtest du auch hier wieder gähnen und seufzen – nur zu! Seufzen ist nämlich lebensnotwendig und gesund (siehe Kasten S. 78).

LEBENSNOTWENDIGES SEUFZEN

Alle fünf Minuten seufzen wir vor uns hin, meist unbemerkt und nicht aus vollster Lunge. Aber dennoch atmen wir, ganz unwillkürlich und unauffällig, zu einer normalen Einatmung noch einmal einen Schub obendrauf, um diesen dann mit einem Seufzer wieder auszuatmen. Dieses Seufzen ist nämlich überlebensnotwendig: Das unwillkürliche Seufzen ist enorm wichtig für die Lungenfunktion. Experten der University of California und der Stanford University stellten fest, dass sich durch das tiefe Seufzen zusammengefallene Lungenbläschen wieder entfalten. Eine gute Sache, denn »wenn sie kollabieren, dann stören sie die Fähigkeit der Lunge, Sauerstoff und Kohlendioxid auszutauschen«, so Neurobiologe Jack Feldman an der University of California in Los Angeles. Und letztendlich würde ohne das Alveolen entfaltende Seufzen die gesamte Lungenfunktion zum Stillstand kommen.

Mark Krasnow, Professor für Biochemie am Howard Hughes Medical Institute an der Stanford University, stellte in seinen Untersuchungen fest: »Wie ein Schrittmacher, der die Geschwindigkeit unseres Atems reguliert, kontrolliert das Atemzentrum im Gehirn auch die Art von Atemzügen, die wir nehmen.« Das Atemzentrum ist aus einer erstaunlich kleinen Anzahl von neuronalen Verbindungen zusammengesetzt, und jede Verbindung kontrolliert wie ein Knopf, der vom Nervensystem gedrückt wird, eine andere Art der Atmung. Dazu gehören neben den normalen Atemzügen eben auch Seufzen und Gähnen – und vielleicht sogar Schniefen, Husten, Lachen und Weinen, daran wird noch geforscht.

DAS ENT-SPANNTE KROKODIL

Entspanne wieder Arme, Beine und Rücken: Lege die Arme mit den Handflächen nach unten neben den Körper und stelle die Füße entspannt und hüftbreit hinter dem Gesäß auf. Atme tief ein und lass die Knie nun mit der Ausatmung nach rechts fallen. Schaffst du es, deinen Nacken locker zu lassen, wird sich dein Kopf automatisch nach links drehen. Vielleicht ist diese Nackenhaltung aber auch unangenehm – schließlich »haben« fast alle Berufstätigen in unseren Breiten irgendwie »Nacken« –, dann lass deinen Kopf einfach in der Mitte. Atme tief ein, hole die Knie wieder in die Mitte zurück und lass sie mit der Ausatmung nach links fallen. Diese Übung ist eine gemütliche Variante der Krokodilübung, die du am Abend vorher vielleicht schon gemacht hast (siehe S. 60 ff.).

Du kannst die Beine zwei- bis viermal auf jede Seite fallen lassen, ganz, wie es sich gut anfühlt für dich. Kommst du mit der Atmung nicht zurecht, übe erst nur den Bewegungsablauf und später die Atmung. Stress dich nicht!

MIT
LEICHTIGKEIT
IN DEN MORGEN

Je entspannter du an die Übungen herangehst, desto leichter werden sie dir fallen. Die tiefe Atmung hat den Vorteil, dass sie dich sehr schnell wach machen wird. Vorausgesetzt, dein Schlafzimmer ist gut gelüftet. Gehörst du zu den Zeitgenossen, die lieber mit geschlossenem Fenster schlafen, würde ich vorschlagen, dieses zu öffnen. Das ist für deinen Sauerstoffumsatz und somit Energiehaushalt einfach besser …

ERST MAL TIEF INS GLAS GUCKEN

Bevor ich mich wirklich aus dem Bett schäle, trinke ich einen großen Schluck aus meiner Wasserflasche aus Glas, die auf meinem Nachttisch steht. Eine Wasserflasche wegen des Deckels: Denn ein Glas, das über Nacht offen neben dem Bett steht, ist ein herrlicher Tummelplatz für Keime, Staubpartikel und auch die Eier von Mücken und Fliegen, igitt! Besonders bei normaler Raumtemperatur explodiert die Bevölkerung von Mikroorganismen und feiert eine Riesenparty. Da sind dann unter Umständen auch kleine Biesterchen dabei, die für den menschlichen Körper nicht wirklich gesund sein können. Ich habe mir deswegen und auch zum Mitnehmen, weil ich viel unterwegs bin, im Biosupermarkt eine ganz tolle Glasflasche mit einem Neoprenmäntelchen gekauft. Der »Anzug« schützt vor Glasbruch und fühlt sich auch gut an. Die Flaschen gibt's in allen Farben und außerdem sind sie superpraktisch! Dass Plastikflaschen nicht wirklich öko sind, hat sich inzwischen wahrscheinlich rumgesprochen, und der Geschmack von Wasser, das über Nacht oder länger in Plastik vor sich hindümpelte, dürfte auch nicht überzeugen. Abgesehen von den Weichmachern im Material, die mit der Zeit immer mehr in das Wasser übergehen und die du dann mittrinkst ... Oder du legst einfach einen kleinen Unterteller über dein Glas, das geht natürlich auch!

Zurück zum Trinken: In der Nacht verliert der menschliche Körper eine ordentliche Menge an Flüssigkeit, ob du nun deutlich schwitzt oder nicht. Ist dein Schlafanzug am Morgen durchgeschwitzt, hast du eher überdurchschnittlich viel Flüssigkeit verloren. Das kann mal passieren, wenn du erkältet oder total gestresst bist, zu viel Alkohol getrunken hast oder dein Schlafzimmer zu warm oder auch zu kalt ist (oder du weiblich und in etwa in meinem Alter bist ...). Kommt der Nachtschweiß öfter vor, solltest du dich allerdings mal ärztlich durchchecken lassen – er kann ein Hinweis auf eine ernst zu nehmende Erkrankung sein.

Zur Trinkmenge gibt es viele Mythen – die einen behaupten, drei Liter seien optimal, die anderen propagieren viel weniger. Mir hat mal ein (kettenrauchender) Osteopath gesagt: »Wir trinken uns zu Tode.« Er meinte nicht Alkohol, wohlgemerkt. Das hat mich aber auch nicht wirklich überzeugt. Tatsache ist, dass es durchaus möglich ist, zu viel Wasser zu trinken, nämlich so viel, dass die Nieren es nicht mehr bewältigen können und wir ständig auf die Toilette müssen. Das ist zwar in der Regel nicht tödlich, aber sinnlos, und die Rennerei ins Badezimmer nervt auch etwas. Gefährlich wird es ab einem Liter pro Stunde über zehn Stunden, das muss man aber erst mal hinkriegen. Der Grund: Durch zu viel Flüssigkeit ohne Salze wird der Natriumgehalt im Blut drastisch gesenkt, es kommt zu einer Version der Hyponatriämie. Im schlimmsten Fall kann dies tödlich enden, wie kürzlich bei jungen Sportlern in den USA – es kommt zu einem Hirnödem mit Kopfschmerzen, Übelkeit, Tremor und epileptischen Anfällen. Aber, wie gesagt, da musst du schon unglaubliche Mengen trinken.

Wichtig ist, zu spüren, wann du Durst hast, und dann im besten Fall, Wasser oder Kräutertee zu trinken. Limo oder Kaffee sind längst nicht so schlimm wie angenommen und dürfen zur Trinkmenge dazugezählt werden. Was du dir mit dem Zucker oder Koffein antust, steht auf einem anderen Blatt. Viel Flüssigkeit nehmen wir ohnehin mit der Nahrung auf, das gehört übrigens auch zur Trinkmenge. Wie so oft ist eben auch die richtige Trinkmenge eine ganz individuelle Sache und an deinem Lebensstil orientiert. Wenn du einen schweißtreibenden, körperlich anstrengenden Job hast oder viel Sport treibst und dabei schwitzt, brauchst du natürlich mehr Flüssigkeit, ebenso wie als stillende Mutter. Bei extremen klimatischen Bedingungen benötigt der Körper ebenfalls mehr Flüssigkeit, bei Kälte wie bei Hitze. Eine tägliche Trinkmenge unter einem Liter finden die meisten Mediziner bedenklich, zwischen 1,5 bis 2 Liter wären optimal und etwas mehr darf es auch sein. Also: Horche in dich hinein, wie immer.

RICHTIG (WASSER) TRINKEN

Schon ein Flüssigkeitsverlust von nur zwei Prozent im Körper führt zu deutlichen Einschränkungen der körperlichen und geistigen Leistungsfähigkeit, bei vier Prozent spricht man bereits von Dehydratation. Lebensgefährlich wird es nach zehn Prozent, und 15 bis 20 Prozent hält kein menschlicher Organismus mehr aus.

Der Flüssigkeitshaushalt definiert sich übrigens über einen Volumenmangel der extrazellulären Flüssigkeit, das heißt der Flüssigkeit außerhalb der Zellen, zu der auch das Blutplasma zählt. Das Blutplasma stellt in etwa die Hälfte (bei Frauen bis zu 75 Prozent) des Blutes dar und ist das Transportmittel für so praktische Sachen wie Sauerstoff, Hormone, Stoffwechselprodukte und vieles mehr, was der Organismus zum Funktionieren braucht. Wird der rote Saft zu dick, weil Wasser fehlt, hapert es ordentlich mit dem Transport dieser lebenswichtigen Kleinigkeiten.

Und nicht nur das: Darüber hinaus hilft H_2O dabei, schädliche Stoffe aus dem Körper zu transportieren, und das am besten in der ersten Hälfte des Tages. Ingo Froböse, Professor für Prävention und Rehabilitation an der Sporthochschule Köln, erklärt dazu: »Damit Wasser seiner Funktion als Lösungs- und Transportmittel gerecht werden kann, ist es wichtig, bis 14 Uhr zwei Drittel der Gesamtmenge des Flüssigkeitsbedarfs zu sich zu nehmen. Der Rest kann dann verteilt bis zum Abend getrunken werden.« Diese Einteilung sei wichtig, weil Schadstoffe insbesondere in der Nacht durch Regeneration entstehen und möglichst am Vormittag mithilfe des Wassers ausgeschieden werden sollten, so der Professor.

Der morgendliche Griff zum Wasser ist also schon mal eine ganz einfache und effektive Möglichkeit, Körper und Geist auf Touren zu bringen. In Japan trinkt man sogar drei bis vier Gläser Wasser nach dem Aufstehen – und bekanntlich werden die Japaner ziemlich alt.

MIT
LEICHTIGKEIT
IN DEN MORGEN

DIE DUSCHFRAGE – MORGENS ODER ABENDS?

Gut mit Wasser angefüllt kannst du jetzt – je nach Befindlichkeit, Zeit, Mondstand oder einfach nur nach persönlichen Vorlieben – dein Yogaprogramm in Angriff nehmen. Wenn du zuerst duschen möchtest, befindest du dich in hervorragender Gesellschaft mit allen indischen und auch sonstigen Yogis und mit mir. Prinzipiell ist das Duschen vor dem Yoga eine gute Idee, da du durch das warme Wasser und natürlich auch durch kaltes Wasser den Stoffwechsel und den Kreislauf anregst und die Muskeln aufweckst. Eine Harvard-Studie kam außerdem zu dem Schluss, dass die Morgendusche besonders für Menschen geeignet ist, die einen recht stressigen Job haben, der ihnen viel abverlangt, oder einen Job, der viel Kreativität und das Finden von ungewöhnlichen Lösungen erfordert. Unter der Dusche bekommt dein Gehirn nämlich die wunderbare Gelegenheit, sich komplett in die Hängematte zu legen. Du bist mit Einseifen und Haarewaschen beschäftigt und kannst völlig entspannen, ganz ähnlich wie bei einer Meditation. Und kreative Lösungen gibt es nur bei Entspannung. Viele der Ideen in diesem Buch sind mir tatsächlich beim morgendlichen Duschen in den Kopf gehüpft!

Kannst du dich aber trotz dieser tollen Argumente immer noch nicht zu einer morgendlichen Wäsche durchringen oder bist eher AbendduscherIn, möchte ich dich auch nicht zu deinem Glück zwingen. Harvard sagt nämlich auch: Bei Einschlafstörungen sind Abendduschen perfekt. Während des Duschens steigt die Körpertemperatur, beim Abtrocknen sinkt sie wieder. Dieses Gefälle macht müde und senkt den Cortisolspiegel, was wiederum Stress reduziert, wie wir ja schon vor ein paar Seiten gelernt haben.

Aber wie dem auch sei: Morgens oder abends duschen – meinetwegen machst du lieber ungeduscht als gar kein Yoga!

VON DER MATRATZE AUF DIE MATTE

Jetzt kommt ein fast unverzichtbares Utensil ins Spiel: die Yogamatte! Yogamatten haben ein bis zwei grandiose Vorteile. Sie sind zum einen ein tolles Symbol, denn liegt die Matte abends bereits neben oder vor dem Bett ausgerollt, entkommst du dem Yoga-Tatort kaum und kannst dich bzw. den viel zitierten Schweinehund so ganz gut überlisten. Zum anderen sind gute Yogamatten rutschfest und unterstützen deine Praxis auf angenehmste Art. Manche Yogaübung lässt sich wirklich sehr schwer auf einem Teppich (Herabschauender Hund mit Rutschpfoten) oder gar im Knien auf einem

MIT
LEICHTIGKEIT
IN DEN MORGEN

Holzboden ausführen (der Vierfüßler bekommt dann eher S/M-Qualitäten). Yogamatten kannst du inzwischen in jedem Sportgeschäft oder größeren Yogastudio kaufen. Oder auch ganz woanders: Kürzlich kamen zwei Teilnehmer in einem meiner Businesskurse ganz stolz und freudestrahlend mit Matten in die Stunde, die sie bei einem einschlägigen Kaffeehändler gekauft hatten. Du kannst dir deine Matte natürlich auch zeitgemäß in einem der Yogashops im Internet bestellen, aber bitte nur dort, damit du auch wirklich eine Yogamatte bekommst! Oft werden unter dieser Bezeichnung viel zu dicke Matten angeboten, die für Yoga nur bedingt geeignet sind. Hast du sehr empfindliche Knie, bestell dir besser zwei Matten und leg sie übereinander, das ist zum Beispiel sehr angenehm im oben erwähnten Vierfüßler. Andererseits hast du dann für Stehhaltungen im Handumdrehen eine dünne Yogamatte, die sind auf dickeren Unterlagen nämlich eine echte Herausforderung.

Eventuell kannst du auch zwei Yogablöcke gut gebrauchen, die gibt es ebenfalls in Yogashops im Internet oder beim freundlichen Händler nebenan. Zur Unterstützung der Hände im Herabschauenden Hund oder bei manch anderer Übung eignen sich die Blöcke wunderbar. Ich werde dir die jeweilige Blockverwendung bei den entsprechenden Übungen empfehlen und ausführlich beschreiben.

Suche dir auf jeden Fall einen guten Platz für deine Yogamatte, einen Platz mit etwas Raum nach vorn und auch zu den Seiten. Du solltest die Arme zu beiden Seiten ausbreiten und dich nach vorn beugen können, ohne schmerzhaft an Möbelstücken oder Wänden hängen zu bleiben. Kannst du die Matte aus Platzgründen nicht in der Nähe des Bettes oder gar nicht im Schlafzimmer ausrollen, ist natürlich auch das Wohnzimmer oder zur Not ein geräumiges Bad oder die Küche geeignet, keine Frage!

KAPITEL 3

ENERGIE AUS
DER ERDE TANKEN

An dieser Stelle ein Geständnis: Ich bin ein Fußfan. Alles beginnt bei den Füßen, geht es den Füßen gut, geht es dem Menschen gut. Zumindest besser, denn unsere Füße sind wahre Wunderwerke der Statik und sorgen nicht nur dafür, dass wir uns zielsicher durch Raum und Zeit bewegen (siehe Propriozeptoren, S. 19); wenn sie dürfen, sorgen sie auch für die Balance und Ausrichtung des gesamten Körpers.

Mit der nächsten Übung schaffst du dir im wahrsten Sinne des Wortes ein stabiles Fundament und lädst dich buchstäblich auf. Ein Segen für den kommenden Tag, besonders, wenn du jetzt schon weißt, dass dieser Tag anstrengend werden könnte.

Atemübung

Stell dich auf die Matte, die Füße sind hüftbreit auseinander und parallel ausgerichtet. Schließe die Augen und spüre wie am Abend bei der Berghaltung, dem Tadasana (siehe S. 52 ff.), in die Füße hinein und nimm die einzelnen Teile wahr. Lass Zehen, Ballen, Außenkanten und Fersen in dein Bewusstsein rücken. Stell dir nun vor, dir wachsen Wurzeln oder Saugnäpfe an den Füßen – oder vielleicht hast du ein anderes Bild parat, das für dich Stabilität und Verbindung vermittelt.

Mit jeder Einatmung ziehst du nun erfrischende und belebende Energie aus dem Boden in deine Füße, die Beine, Becken, Bauch, Rücken, Arme und den Kopf. Beim Ausatmen lässt du alles Verbrauchte los und in den Boden sinken. Atme möglichst lang aus, damit auch alles deinen Körper verlassen kann, was nun überflüssig ist. Das kann einfach nur die verbrauchte Luft sein, vielleicht sind es aber auch Verspannungen, Gefühle oder Gedanken. Vielleicht hast du für diesen Tag ein bestimmtes Thema, das du loslassen möchtest? Ich stelle mir zur Verdeutlichung des Loslassens gern den Wasserstrudel vor, der beim Abfluss im Waschbecken entsteht.

MIT
LEICHTIGKEIT
IN DEN MORGEN

Nimm mindestens zehn belebende und befreiende Atemzüge. Öffne danach langsam die Augen und versuche, zunächst nur das Licht, dann Gerüche und Geräusche wahrzunehmen. Bewege langsam deine Hüften und den Kopf und strecke die Arme über den Kopf. Rekle dich, als würdest du noch im Bett liegen, gähne, wenn dir danach ist, und seufze.

FREI WERDEN
MIT FREESTYLE

Strecken

Vorbeugen

Wenn du noch Lust auf einen kleinen Yogaflow hast, komm erst mal in den Vierfüßler, mit einem Vinyasa, einer Bewegungsabfolge:

1. Du stehst vorn an deiner Matte und streckst einatmend die Arme weit über den Kopf, die Finger zeigen zur Decke.

2. Ausatmend lässt du die Arme bei gebeugten Knien nach vorn zum Boden sinken, bis die Hände den Boden berühren. Wenn diese Distanz schier unüberwindlich erscheint, leg deine Hände auf die beiden Blöcke, die du links und rechts neben den Füßen auf die Matte stellst. Du kannst den Abstand zum Boden mit diesen praktischen Dingern beliebig verringern, indem du sie hochkant, quer oder auf die schmale Seite stellst.

3. Gehe nun mit dem rechten Fuß einen großen Schritt nach hinten. Du kannst entweder das Knie gleich auf der Matte ablegen und das linke Knie daneben legen. Oder du wählst die etwas anspruchsvollere Variante und lässt das Bein gestreckt, gehst auch mit dem linken Bein den Schritt nach hinten und stellst es gestreckt ab. Nun befindest du dich in der Haltung des sogenannten Bretts. Lass die Knie auf den Boden sinken und du bist im Vierfüßler angekommen.

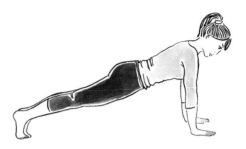

Als Erstes wollen wir die müde Wirbelsäule und die Gelenke aufwecken.

4. Leg deine Hände mit weit aufgefächerten Fingern vorn auf die Matte. Die Handgelenke sollten sich genau unter den Schultergelenken befinden, die Linien der Handgelenke genau parallel zur kurzen Seite der Matte. Drücke die Finger fest in die Matte, insbesondere kleinen Finger, Zeigefinger und Daumen. Es sollte ein kleiner Hohlraum unter deiner Hand entstehen. Es ist sehr wichtig, die Finger aktiv in die Matte zu drücken, damit das Gewicht nicht auf deine Handballen drückt und somit dein Handgelenk belastet. Probiere beide Varianten aus, mit aktiven und passiven Fingern. Du wirst sofort feststellen, dass die aktive Variante das Gewicht auf die ganze Hand verteilt.

Die Knie sind hüftbreit aufgestellt, genau unter den Hüften, sodass Ober- und Unterschenkel einen rechten Winkel bilden. Fange nun sanft an, den Kopf inklusive der Schultern hin und her zu bewegen, die Arme dürfen sich auch gern mitschlängeln. Versuche, deine Bewegungen ganz fließend und weich werden zu lassen, und integriere nach und nach auch die Wirbelsäule

MIT
LEICHTIGKEIT
IN DEN MORGEN

in diesen »freestyle move«: Sie kann sich schlängeln, sodass eine harmonische Bewegung von den Hüften bis zu den Schulterblättern entsteht. Oder du versuchst, eine Acht mit der Wirbelsäule in die Luft zu »malen«, mal in die eine, dann in die andere Richtung. Hüften und Knie dürfen mitmachen. Lass dich ganz durchlässig und locker werden und spüre die Verbindung dieser Körperteile untereinander. Achte immer darauf, dass dein Nacken mit den Bewegungen mitgeht; halte ihn nicht fest, sonst verkrampft sich die Muskulatur. Genieße dieses langsame Aufwecken der Muskeln, Bänder und Sehnen, wohliges Seufzen ist natürlich auch hier wieder erlaubt und förderlich, um die Atmung zu vertiefen (siehe Kasten S. 78).

Kindstellung

5. Du kannst nun auch das Gesäß ganz nach hinten Richtung Fersen bewegen, in die Kindstellung, wieder in den Vierfüßler zurückkommen, deinen Oberkörper mal nach vorn schieben oder auch einmal unter dem rechtem Arm zur Decke schauen, dann unter dem linken Arm. Lass deinen Körper einfach machen, er wird dir interessante und vielleicht völlig neue Varianten anbieten!

Wenn du experimentierfreudig bist, probiere doch mal, die Bewegungen mit deiner Stimme zu unterstützen. Du kannst brummen, summen, bellen, miauen ... alles, was dir einfällt. Ich finde es unglaublich erfrischend und auch ziemlich lustig, irgendwelche Geräusche zu produzieren, und bekomme dabei gleich gute Laune.

WIRBELSÄULENGLÜCK

Die Yogaklassiker Katze und Kuh sind das reinste Wirbelsäulenglück: Die Katze (das sind einfach körperschlaue Tiere!) dehnt den oberen und mittleren Rücken, mobilisiert die Wirbel, öffnet die Seiten des Körpers, vertieft die Ausatmung, regt die Durchblutung an und macht wach.
Die Kuh als Gegenbewegung hat ähnliche Effekte; sie sorgt für die Mobilisierung der Wirbelsäule in die andere Richtung, vertieft die Einatmung, regt die Verdauung an und entspannt den unteren Rücken.

Und so kannst du die beiden Tierchen verbinden:

Kuh

1. Du befindest dich immer noch im Vierfüßler. Achte noch einmal bewusst auf die Aktivierung deiner Hände, um die Last von deinen Handgelenken zu nehmen – weit aufgespreizte Finger, Daumen, Zeigefinger und kleine Finger drücken in die Matte. Die Arme sind gestreckt, die Schulterblätter streben Richtung Hüften.
Für den Kuhrücken atme nun tief ein und kippe das Becken nach hinten, als würdest du die Sitzknochen Richtung Decke schieben wollen. Fange

ganz sanft an, mit einer kleinen Bewegung des Beckens. Die Bandscheiben zwischen den Wirbelkörpern sind so kurz nach dem Aufstehen noch prall gefüllt und sollten zunächst sehr langsam und behutsam belastet werden (siehe Kasten S. 93). Richte den Blick zur Decke und spüre, wie die unteren Rippen durch die Einatmung geweitet werden.

Katze

2. Die Katze oder auch der Katzenbuckel folgt auf die Ausatmung: Kippe das Becken wieder nach vorn und biege den oberen Rücken Richtung Decke. Der Blick ist auf die Knie oder den Bauchnabel gerichtet, je nachdem, wie viel Dehnung deine noch müde Nackenwirbelsäule im Moment gebrauchen kann. Spüre, wie die Ausatmung deinen Nabel nach innen Richtung Wirbelsäule zieht und dein oberer Rücken sich ausweitet.
Und schon geht es wieder zurück in den Kuhrücken. Wiederhole diese beiden Übungen mindestens dreimal, gern aber auch bis zu fünfmal, wenn dir danach ist.

DER WASSERHAUSHALT IN DEN BANDSCHEIBEN

Noch einmal zum Thema Wasser: Auch unsere Wirbelsäule leidet unter Wassermangel – so können chronische Rückenschmerzen eine Folge von zu wenig Flüssigkeitszufuhr sein. Die Bandscheiben, die als Stoßdämpfer zwischen den Wirbelkörpern fungieren, bestehen zu ungefähr 90 Prozent aus Wasser. Bei Bewegungsmangel, ungenügender Flüssigkeitszufuhr durch zu wenig Trinken und im Alter nimmt dieser Prozentsatz deutlich ab. Die Unterversorgung der Bandscheiben hat eine verringerte Elastizität, verminderte Pufferkraft und letztendlich die erhöhte Gefahr eines Bandscheibenrisses zur Folge. Durch Bewegung und ausreichend Trinken bleiben die Bandscheiben geschmeidig und können so in optimaler Weise Flüssigkeit durch osmotischen Druck aufnehmen und abgeben.

Auch sonst schwankt der Wassergehalt der Bandscheiben: Während des Tages nimmt der Wassergehalt durch den Druck, der durch das Gewicht des Körpers auf der Wirbelsäule lastet, stetig ab und die Wirbel rücken wieder näher zusammen. Deswegen sind wir im Allgemeinen abends einen bis zwei Zentimeter kleiner als morgens. Während der Nacht füllen sich die »Stoßdämpfer« durch Flüssigkeit, die im Gewebe um die Wirbelsäule vorhanden ist, wieder auf und sind deswegen morgens prall gefüllt. Vorbeugen am frühen Morgen sind also nicht nur wegen der durch die Nachtruhe verkürzten Muskeln mit echter Vor- und Umsicht zu genießen, sie sollten auch ganz behutsam angegangen werden, da die Bandscheiben in ihrem prall gefüllten Zustand leichter nach vorn gedrückt werden könnten. Das ist dann der viel zitierte Bandscheibenvorfall, der sehr schmerzhaft werden kann, wenn die verschobene Bandscheibe einen Nerv im Wirbelkanal berührt.

Apropos ausreichende Flüssigkeitsversorgung und Rücken: Ein chronischer Wassermangel im Inneren unseres Körpers kann nicht nur den Funktionsverlust und Schäden der Bandscheiben, sondern häufig auch undefinierbare Rückenschmerzen verursachen. Denn nicht nur die Bandscheiben, auch die Knorpel in den Wirbelgelenken enthalten viel Wasser. Die Gleitfähigkeit dieses in der Knorpelschicht gehaltenen Wassers dient dazu, dass die beiden aufeinanderstoßenden Oberflächen während der Bewegung des Gelenks ohne Reibung aneinander vorbeigleiten. Flüssigkeitsmangel verursacht mehr Reibung, Verschleiß – und eben unter Umständen auch Schmerzen.

MIT
LEICHTIGKEIT
IN DEN MORGEN

DER GLÜCK-
LICHE HUND

Von Katze und Kuh begibst du dich zum nächsten Vierbeiner und absoluten Yogaklassiker, dem Herabschauenden Hund. Dieses Tierchen hat ebenfalls zahlreiche wunderbare Effekte: so verlängert diese Asana (Yogaübung) die gesamte Rückseite des Körpers, vom Nacken bis zur Achillessehne, öffnet die Seiten und vertieft die Atmung. Sie stärkt die Arme und öffnet die Schultern, stellt mal kurz als Umkehrhaltung die Welt auf den Kopf und stimuliert das Nervensystem. Du darfst dich hier mit einem besonderen Exemplar beschäftigen: dem seligen, also glücklichen Hund (»blissful dog«, wie eine meiner amerikanischen Lehrerinnen ihn nannte).

1. Dafür schiebst du vom Vierfüßlerstand dein Gesäß Richtung Decke und nimmst die Knie vom Boden. Du musst am frühen Morgen keinesfalls die Beine durchstrecken, im Gegenteil: Auch wenn du sehr gelenkig bist, lass die Knie ganz locker und fange an, auf der Stelle zu gehen. Die Zehen und Ballen bleiben am Boden, du hebst nur die Fersen abwechselnd von der Matte. Beginne ganz sanft, bewege die Fersen dann aber immer kraftvoller und aktiver Richtung Boden. Wenn dir die Handgelenke wehtun, gilt immer das Gleiche: Alle Finger fest in die Matte drücken, immer noch weit aufgespreizt – das nimmt den Druck aus den Handballen und somit aus den Gelenken. Glücklich macht diesen Hund, wenn du die Wirbelsäule wie vorher im Vierfüßler zur Seite bewegst, schlängelst, mal einen Katzenbuckel machst.

Brett

2. Schieb dich auch einmal nach vorn in das sogenannte Brett (siehe S. 89) und wieder zurück in den Hund.

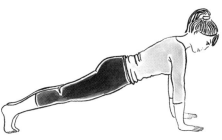

Durchblick

3. Schau mal unter einer Achsel zur Decke und nimm das gegenüberliegende Knie mit – schau also unter dem linken Arm durch, das rechte Knie bewegt sich nach links und umgekehrt.

Dreibeiniger Hund

4. Hebe auch mal ein Bein in den Dreibeinigen Hund, der sich gerade einen tollen Laternenpfosten ausgesucht hat, strecke und beuge das Knie in der Luft. Oder wedle mit dem Schwanz, indem du mit deiner Hüfte hin und her wackelst.

Auch hier gilt: Lass deinen Körper machen, gähne und seufze, staune über all die Bewegungsmöglichkeiten, die sich auftun.

Wenn du schon etwas fortgeschrittener bist und gut Kraft in den Armen und im Rumpf hast, versuche doch einmal diese Variante: Schiebe dich vom Vierfüßler einatmend in den Hund und ausatmend in das Brett und wieder zurück, so oft du magst und solange du Kraft hast. Im Brett kannst du auch für drei Atemzüge verweilen, den Nabel etwas nach innen gezogen, die Schulterblätter Richtung Hüfte

geschoben. Stell dir vor, deine Oberarme schieben zueinander, ebenso die Oberschenkel. Dadurch kannst du einen ordentlichen Muskeltonus im Rumpf aufbauen, vorausgesetzt, du hast die Muskulatur schon etwas trainiert, sei es durch Yoga, Pilates, Fitnessübungen, Reiten, Schwimmen etc. Die Sache mit der Kraft ist deswegen wichtig, weil du sonst im Brett im unteren Rücken durchhängen wirst (Popo hoch!) und deine Schulterblätter möglicherweise zu weit in Richtung Ohren hochgezogen sind. Beides hat nicht gerade förderliche Folgen: Dein unterer Rücken wird gestaucht, kann auch anfangen zu schmerzen, und dein Nacken verkrampft sich. Diese Asana-Kombi sollte mit Leichtigkeit durchführbar sein – ist das nicht der Fall, übe noch ein paar Wochen weiter, deine Muskeln werden wachsen!

Vielleicht brauchst du eine Pause zwischen den Übungen, weil deine Arme schlapp machen oder deine Handgelenke trotzdem wehtun – dann begib dich in die perfekte Ruhehaltung, das Kind mit weiten Beinen:

Weite Kindstellug

5. Die Knie mattenweit auseinanderlegen, die großen Zehen zusammen, das Gesäß Richtung Fersen schieben und die Arme nach vorn, die Stirn am Boden ablegen. Sollten dir die Knie in der Kindstellung wehtun, lege dir ein Handtuch in die Kniekehlen. Wenn deine Fußrücken Alarm schlagen, schiebe die Beine parallel zusammen und/oder lege dir einen Block unter die Stirn. Und natürlich darfst du während der Übungen seufzen und gähnen, wie es dir gefällt!

Über den Vierfüßler kommst du anschließend wieder in den Herabschauenden Hund zurück. Gehe nun einfach aus dem Hund heraus nach vorn, der Kopf bleibt unten, die Hände immer noch vorn auf der Matte.

6. Wenn du bei den Händen angekommen bist, beuge die Knie und greife die Ellenbogen mit den Händen. Es ist sehr wichtig, die Knie zu beugen, damit der untere Rücken nicht belastet wird (siehe prall gefüllte Bandscheibe!). Häng dich hier so richtig aus; stell dir dafür vor, an den Ellenbogen hängen ganz schwere Sandsäcke oder Bleigewichte, die deinen Oberkörper Richtung Boden ziehen. Schüttle den Kopf, damit sich dein Nacken entspannt. Die Brustwirbelsäule wird in dieser Vorbeuge komplett entlastet und lang gezogen, die Schulterblätter und die Muskulatur dazwischen entspannen und dehnen sich – eine Wohltat nach dem langen Liegen in der Nacht! Doch aufgepasst: Hast du besonders morgens niedrigen Blutdruck, bleib nicht zu lang in dieser Stellung, sonst wirst du beim Hochkommen Sternchen sehen.

7. Zum Zurückkommen in den Stand lass die Ellenbogen los und stelle erst die Fingerspitzen vor den Füßen auf, selbstverständlich gern mit gebeugten Beinen.

Ist der Weg zum Boden zu lang, lege die Hände einfach auf die Schienbeine. Hebe nun den Kopf und sieh nach vorn-unten, sodass der Nacken ganz lang ist. Atme tief und regelmäßig besonders in die Flanken des Körpers, verlängere den Rücken, indem du die Schulterblätter noch einmal bewusst in Richtung Hüften schiebst, und ziehe die Sitzknochen nach hinten – so, als wäre dein Körper ein L, das auf dem Kopf steht. So kann das Blut, das vorher in den Kopf geflossen ist, langsam wieder in den Rest des Körpers zurückkehren.

Führe die Arme kreisförmig über die Seite in Richtung Decke und komme ganz langsam und mit sehr geradem Rücken wieder nach oben zum Stehen. Versuche wirklich, in Zeitlupe nach oben zu kommen, damit dir nicht schwindlig wird. Solltest du die berühmten Sternchen trotzdem sehen, atme tief ein und sehr lang aus, das vergeht sofort wieder!

Tadasana

8. Lass die Arme wieder neben die Oberschenkel sinken und genieße kurz Tadasana, die Berghaltung (siehe S. 52 ff.). Spüre deine Füße auf der Matte, davon wieder alle Einzelteile: Zehen, Ballen, Außenkanten und Fersen. Sende deine Aufmerksamkeit in die Fußrücken, die Knöchel und die Sprunggelenke. Hier wäre es vielleicht mal wieder Zeit, den braven Füßen zu danken, dass sie dich so zuverlässig durchs Leben tragen. Spüre in deinen Körper hinein: Wie fühlst du dich in diesem Körper, in diesem Moment? Fühlt sich noch etwas unrund an? Nimmst

du Verspannungen oder Schmerzen wahr? Lass alles so, wie es ist, und genieße diese kurze Ruhepause. Komme ganz bei dir an und lass alles zu, was auch immer sich melden mag.

Wenn du soweit bist, mach einen tiefen Atemzug und öffne die Augen. Strecke und rekle dich noch einmal im Stehen, nimm die Arme weit über den Kopf, mach Fäuste, gähne und seufze.

Je nachdem, wie dein Tag heute voraussichtlich aussehen wird, kannst du dir überlegen, ob du noch eine Yogarunde einlegen möchtest. Vielleicht hast du aber jetzt gerade keine Zeit oder fühlst dich erfrischt genug, sodass du loslegen kannst. Oberstes Gebot ist wie immer: Du machst es so, wie es sich für dich am besten anfühlt – keinen neuen Stress aufbauen!

EIN FLOW FÜR JEDE LEBENSLAGE

Ich habe hier ein paar Vorschläge für Flows, also fließende Abfolgen von Yogaübungen, für verschiedene Lebenslagen:
- Energie und Motivation
- Standhaftigkeit und Durchsetzungsvermögen
- Gelassenheit und innere Ruhe

Du kannst die Übungen natürlich auch kombinieren, denn manchmal brauchst du vielleicht Standhaftigkeit *und* Energie oder Durchsetzungsvermögen *und* Gelassenheit – dies müssen keine Widersprüche sein, im Gegenteil. Natürlich wird eine ausgewogene Yogapraxis immer alle diese Aspekte berühren, aber der Fokus kann eben verschoben und auf ein bestimmtes Thema gelenkt werden.

Das ist unter anderem auch das Schöne am Yoga – es ist eine Bereicherung in allen Lebenslagen. Die allerbeste Nachricht am Schluss: Die Flows dauern höchstens zehn Minuten. Du kannst die Abfolgen natürlich auch verkürzen oder verlängern, je nach Lust und Laune.

ENERGIE UND MOTIVATION

Wie bereits erwähnt: Manchmal fühlt sich so ein Morgen und wahrscheinlich auch dein Körper an wie Blei, schwergängig und energielos. Mit dem folgenden Yogaflow holst du dir wieder Energie in den Körper und damit einen ganzen Sack voll Motivation, in den Tag zu starten. Wenn dir danach ist, leg doch eine nette Musik auf, die dich auf angenehme Weise wach macht. Das ist wie immer Geschmackssache – von Metallica bis Mozart geht alles, was dich glücklich macht.

Ein weiterer Schlüssel für den Energiehaushalt ist der Atem: Über die Atmung wird unser System mit Sauerstoff versorgt, der wiederum für den Stoffwechsel benötigt wird. Ohne Sauerstoff geht einfach nichts. Darüber hinaus hat die tiefe und bewusste Atmung wunderbare Effekte aufs Nervensystem, das Herz und die Verdauung. Deswegen ist dieser Flow recht atemzentriert. Es geht los mit einer ganz unkomplizierten Atemübung, um das Blei und Grau zu vertreiben.

Tadasana mit »Ha!«

1. Du stehst immer noch in Tadasana (siehe S. 52 ff.). Atme tief ein und strecke die Arme lang über den Kopf. Balle oben angekommen die Fäuste, ziehe die Fäuste mit Schwung wieder zu den unteren Rippen – die Ellenbogen sind nah am Körper und nach hinten geschoben – und atme laut und hörbar durch den Mund aus. Du kannst hier auch ein Geräusch machen, so etwas wie »Ha!«. Atme wieder ein, und es geht von vorn los: Einatmen, strecken, Fäuste, ausatmen, Fäuste zu den Seiten, die Knie etwas beugen. Es ist sehr wichtig, dass du wirklich kraftvoll ausatmest. Wenn du zu wenig ausatmest, wird es dir wahrscheinlich schwindlig werden. Wird dir tatsächlich schummerig, hilft ein einfacher Trick: Mit geöffnetem Mund einatmen und mit geschlossenem Mund ausatmen. Wenn das nichts bringt, einfach für ein paar Atemzüge die Hände vor Mund und Nase legen und die ausgeatmete Luft wieder einatmen – dann stimmt der Kohlendioxidgehalt im Blut wieder und der Schwindel löst sich flugs auf.

Eine weitere bewegte Atemübung stammt aus dem Kundalini-Yoga, einer sehr interessanten Yogarichtung, die in ihrer im Westen gelehrten Form vom nordindischen Yogi Bhajan geprägt wurde. Die sogenannten Kriyas sind sehr dynamische Abläufe, oft mit Mantras und Pranayama (Atemkontrolle) verbunden und bisweilen ziemlich anstrengend. Mit den Übungen soll das Energielevel im Körper angehoben und gleichzeitig das Nervensystem beruhigt werden. Wenn dich Kundalini-Yoga interessiert, forsche mal auf YouTube; dort gibt es tolle Videos auch und gerade für Anfänger, in denen schöne Kriyas gezeigt und erklärt werden.

Für deine Motivation machen wir es aber nicht so anstrengend, keine Angst. Wir nehmen eine kurze Übung, die ebenfalls den Fokus auf den Atem richtet und im Sitzen – am besten auf einem Hocker oder auf einem Stuhl ohne Armlehnen – sowie im Stehen ausgeführt werden kann. Für den Morgen empfehle ich die Stehhaltung, insbesondere im Anschluss an die vorhergehende Übung, aber natürlich kannst du dich auch setzen.

Verhakte Finger

2. Stehe etwas breiter als hüftbreit und beuge sanft die Knie. Nun verhake deine Finger vor dem Brustkorb und hebe die Ellenbogen auf Schulterhöhe, sodass von einer Hand der Handballen nach vorn zeigt und von der anderen der Handrücken.
Atme tief durch die Nase ein und drehe dich dynamisch nach links. Atme durch den Mund aus, wenn du dich ganz gedreht hast. Auch hier kannst du zur Unterstützung der Ausatmung ein »Ha!« intonieren, allerdings eher gehaucht, nicht mit so viel Stimme wie bei der ersten Übung. Automatisch atmest du wieder durch die Nase ein und drehst dich in die Mitte zurück. Wiederhole diese halbe Drehung für den Anfang zehnmal. Beginne langsam und werde schneller, aber im Rahmen deiner Möglichkeiten, überfordere dich nicht. Du kannst den Kopf mitdrehen, wenn dir nicht schwindlig wird, sonst lass ihn einfach in der Mitte, während sich der Körper dreht. Nach zehnmal wechsle die Seiten, indem du die Finger andersherum verhakst und die Drehung nach rechts ausführst.
Nach der Übung auf jeden Fall in Tadasana (S. 52) oder im Sitzen nachspüren, bis sich die Atmung wieder normalisiert hat. Du wirst dich wacher füh-

len, vielleicht fast ein bisschen high, was aber gleich wieder vergeht. Da dies eine sehr rhythmische Übung ist, kannst du dir auch entsprechende Musik auflegen. Beginne auch hier mit einem nicht ganz so energetischen Stück, du kannst dich in den nächsten Tagen und Wochen ja noch steigern.
Und auf geht's in einen motivierten Tag!

STANDHAFTIGKEIT UND DURCHSETZUNGSVERMÖGEN

Der Schlüssel zur Standhaftigkeit liegt natürlich in jenen Körperteilen, die zunächst mal ganz direkt mit dem Stehen verknüpft sind: Füße und Beine. Wenn du kraftvoll und bewusst auf deinen Füßen stehen kannst und deine Beine energiegefüllte Säulen sind, kann im wahrsten Sinne des Wortes nichts mehr schiefgehen – denn du gehst und stehst aufrecht. Ich kann selbst immer wieder feststellen, wie sehr sich eine äußere (Yoga-)Haltung auf meine Stimmung auswirkt. Stehhaltungen und insbesondere Balancehaltungen stärken deine Mitte und sorgen dafür, dass dich so schnell nichts mehr umwirft. Hast du beispielsweise an diesem Tag ein schwieriges Gespräch vor dir oder musst dich mit ein paar nicht ganz so angenehmen Zeitgenossen auseinandersetzen, ist der folgende Flow eine perfekte Vorbereitung. Wenn es möglich ist, richte deine Matte so aus, dass du aus dem Fenster sehen kannst, das weitet noch einmal deinen Blick und beruhigt das Nervensys-

MIT
LEICHTIGKEIT
IN DEN MORGEN

tem. Vorausgesetzt natürlich, diese Aussicht bietet dir einen angenehmen Anblick!

Surfender Krieger

1. Von Tadasana (siehe S. 52ff.) geht es nun direkt weiter in die Kriegerhaltung Nummer zwei: Lege deine Hände gefaltet vor den Brustkorb und lege die Daumen an das Brustbein. Das ist in diesem Fall keine religiöse Geste, sondern verbindet dich deutlicher mit deiner mittleren Körperachse. Stell dir dafür eine Linie vor, die auf der Vorderseite deines Körpers von der Mitte der Stirn über die Nase, das Brustbein, wo die Daumen liegen, den Bauchnabel und das Schambein bis zu den großen Zehen verläuft.

Atme tief ein und richte die Wirbelsäule bewusst auf. Mit der Ausatmung mach mit dem rechten Bein einen großen Schritt nach hinten; die Ferse landet auf der Matte, sodass die Zehen schräg nach vorn zeigen. Die rechte Hüfte ist geöffnet, das heißt, sie zeigt nach rechts, die linke Hüfte zeigt nach vorn. Öffne dann die Arme, indem du den linken Arm nach vorn und den rechten Arm nach hinten ausstreckst. Beuge das vordere Knie und richte dich einatmend noch mal bewusst auf. Beginne zu »surfen«, indem du den Oberkörper mal nach vorn, mal nach hinten ziehst. Mach ruhig große

Bewegungen, die du dann immer kleiner werden lässt, bis du schließlich pulsierend in der Mitte ankommst. Ich habe die Erfahrung gemacht, dass mit dem Pulsieren diese Mitte leichter zu spüren ist, denn oft schieben die Teilnehmer in meinen Kursen den Oberkörper zu weit nach vorn und manchmal auch zu weit nach hinten. Vielleicht hast du ja einen Spiegel in deinem Zimmer oder kannst dich im Fenster beobachten, ob du auch wirklich die Mitte gefunden hast.

Krieger 2

2. In dieser Haltung blickst du über deinen linken Mittelfinger nach vorn. Vielleicht hast du ja ein besonderes Ziel für den heutigen Tag vor Augen? Sei es, du möchtest deinem Chef oder der Chefin ganz deutlich deinen Standpunkt klarmachen, das Bewerbungsgespräch mit Bravour bestehen oder ein Projekt zu einem erfolgreichen Ende bringen. Was auch immer es sei, visiere es an, lass ein passendes Bild der Situation vor deinem inneren Auge entstehen. Stell dir vor, du zieltest mit einem imaginären Pfeil auf dein Bild, den Zustand, das Ergebnis.

Pfeil und Bogen

3. Verweile hier drei Atemzüge und atme dann tief ein. Ziehe deine rechte Hand mit Kraft nach vorn, als würdest du einen Bogen greifen. Ziele wieder über deinen linken Mittelfinger und lass den Pfeil fliegen, indem du die Hand wieder zurückziehst. Spüre dabei den Widerstand des Bogens.

MIT
LEICHTIGKEIT
IN DEN MORGEN

Tadasana

Wiederhole diese Abfolge dreimal. Atme dann tief ein und setze den rechten Fuß wieder zurück neben den linken Fuß, während du gleichzeitig den rechten Arm mit nach vorn holst und die Hände in der Anjali-Mudra, der Gebetshaltung, zusammenführst. Anschließend nimmst du dir in gleicher Weise die linke Seite vor: mit der Einatmung aufrichten und ausatmend den linken Fuß nach hinten setzen und so weiter.

4. Du beendest diesen kleinen Flow am besten wieder mit Tadasana, der Berghaltung. Spüre in deine Füße und Beine und nimm das starke Fundament wahr, auf dem du stehst.
Viel Erfolg an einem Tag mit einer stabilen Basis!

GELASSENHEIT UND INNERE RUHE

Gelassenheit und innere Ruhe sind Qualitäten, die ein offenes Herz benötigen. Mit einem offenen Herzen, Mitgefühl und Toleranz nicht nur anderen, sondern auch dir selbst gegenüber können negative Emotionen dich nicht mehr überfluten. In seinem Buch *Mit weitem Herzen* schreibt der Dalai Lama, das Sich-Öffnen des Herzens finde zwar im Geiste statt, im Buddhismus lokalisiere man aber den Geist im Zentrum der Brust. Dies, finde ich, ist ein wundervolles Bild und stimmt auch mit dem Sinn der herzöffnenden Übungen im Yoga überein: Öffne ich mein Herz auf der körperlichen Ebene, wird der Geist folgen. Das kannst du körperlich ganz einfach nachvollziehen – versuche doch einmal, mit nach vorn gesunkenen Schultern und rundem Rücken herzlich zu lachen, dir liebevolle Gedanken zu machen oder ein fröhliches Lied zu singen. Du wirst vermutlich feststellen, dass das recht schwierig ist oder sich zumindest sehr merkwürdig anfühlt. Schiebst du deine Schultern hingegen nach hinten, richtest dich auf und öffnest so deinen Brustkorb, dürfte dir das wesentlich leichter fallen, oder?

Die nächsten Übungen zielen auf diese Öffnung des Brustkorbes und auch der Seiten des Rumpfes. Neben der erleichternden Herzöffnung bekommt auch dein Atem mehr Platz im Körper.

Wähle einen bequemen Sitz auf deiner Yogamatte oder, wenn dir das Sitzen am Boden Schwierigkeiten bereitet, auf einem Stuhl. Du kannst in der sogenannten Easy Pose sitzen – die Unterschenkel parallel vor deinem Körper ablegen –, im Schneidersitz mit gekreuzten Knöcheln, im Fersensitz auf den Füßen oder, wenn du schon zu den fortgeschrittenen Yogis gehörst, gern im halben oder ganzen Lotussitz. Bequem wird ein Sitz am Boden, wenn sich deine Knie auf gleicher Höhe mit deinen Hüften befinden oder, noch besser, darunter. Sollte dies nicht der Fall sein – wie bei den meisten Menschen, die viel auf Stühlen sitzen –, dann setze dich auf eine oder zwei Decken, ein dickes Kissen oder den Yogablock.

Die erste Übung habe ich von einer Freundin »geklaut«, mit der ich in Indien wunderbare Yogaprojekte kreiert habe. Danke an Mona Abter!

Gerader Sitz

1. Bringe die Hände in der Anjali-Mudra-Gebetshaltung vor das Brustbein. Spüre deine Sitzknochen auf der jeweiligen Unterlage und alle Punkte, die dein Körper auf der Matte oder dem Stuhl berührt: Oberschenkel, Knie, Schienbeine, Unterschenkel. »Scanne« jeden Punkt und spüre da-

durch das Gewicht des Körpers. Atme dann tief ein und richte bewusst die Wirbelsäule auf. Der Scheitel zieht nach oben, der Hinterkopf nach hinten, der Nacken ist lang, das Kinn sinkt ganz sanft Richtung Brustkorb. Lass mit der Ausatmung deine Schulterblätter nach unten Richtung Hüften schmelzen, sodass der Nacken noch länger wird. Versuche dabei, die Wirbelsäule aufgerichtet zu lassen.
Stelle nun die Fingerspitzen neben deinen Hüften auf den Boden. Solltest du dafür zu hoch sitzen und die Matte nicht erreichen, nimm zwei Blöcke und stelle die Finger darauf oder lass die Hände einfach hängen. Auf dem Stuhl lässt du natürlich auch die Hände hängen.

2. Mit der nächsten Einatmung strecke die Arme nach oben über den Kopf, die Handflächen aneinandergelegt. Blicke nach oben zu den Fingern, dann atme aus und ziehe die Hände zum Brustkorb zur Anjali-Mudra. Runde den Rücken etwas und blicke zum Nabel. Dann atme ein, richte dich dabei wieder gerade auf und ziehe die Hände, immer noch in der Anjali-Mudra, wieder nach oben, gestreckte Arme, Blick zu den Händen. Atme aus, öffne die Hände und lass die Fingerspitzen wie am Anfang wieder neben deinen Hüften auf dem Boden, auf dem Block oder in der Luft ankommen. Dann geht es wieder von vorn los, indem du die Arme mit der Einatmung wieder zur Decke ziehst und so weiter.
Wenn du den Ablauf auswendig kannst, schließe die Augen. Vielleicht kannst du diese Übung als Meditation in Bewegung empfinden und/oder innere Bilder entwickeln. Ich stelle mir zum Beispiel bei der Übung immer vor, ich würde Energie aus der Erde holen, sie dann zu meinem Herzen ziehen und sie schließlich wieder in der Welt verteilen, wenn ich die Arme nach oben öffne.

Du kannst diese Übung so oft wiederholen, wie du möchtest, ich würde mindestens drei Runden vorschlagen. Am Schluss kommst du wieder bei der Anjali-Mudra vor dem Brustkorb an. Diesmal runde nicht den Rücken, sondern verweile einen Augenblick mit geradem Rücken und geschlossenen Augen in dieser meditativen Haltung.

Herzöffner

3. Verschränke dann die Hände hinter dem Rücken, vielleicht kannst du die Handflächen aneinanderlegen. Strecke die Arme erst behutsam Richtung Boden und ziehe sie mit einer tiefen Einatmung etwas vom Körper weg – aber nur so weit, wie du deinen Oberkörper gerade halten kannst. Kippst du nach vorn, führe die Arme wieder näher an den Rücken heran. Lass das Kinn sanft zum Brustkorb sinken, sodass sich der Nacken ganz lang und frei anfühlt.

Selbstumarmung

4. Mit der Ausatmung löse die Hände und umarme dich selbst, sinke etwas nach vorn, der Rücken rundet sich. Atme tief ein und spüre, wie sich die Schulterblätter und der Rücken unter deinen Händen dadurch auseinanderziehen und bei der Ausatmung wieder zurückgleiten.

Drehsitz

5. Löse die Arme, indem du sie einatmend ganz weit Richtung Decke streckst. Ausatmend drehe dich nach rechts, die Arme sinken nach unten, der linke auf das rechte Knie, der rechte hinter dir auf den Boden. Die Hand ist mit den Fingerspitzen oder der Handfläche aufgestellt, je nachdem, wie es für dich bequem ist. Wenn du auf dem Stuhl sitzt, kannst du den rechten Arm über die Rückenlehne legen oder an der Seite herabhängen lassen.

Atme wieder tief ein und drehe dich mit nach oben gestreckten Armen zur linken Seite. Du kannst diese Übung dynamisch durchführen, das heißt, dreimal mit jeder Einatmung strecken, ausatmend nach hinten drehen. Oder du bleibst in diesem einfachen Drehsitz, indem du dreimal ein- und ausatmest. Bei der Einatmung streckst du jedes Mal die Wirbelsäule, bei der Ausatmung lässt du bewusst alle Spannung los und kannst dich so für einen Millimeter weiter in die Drehung schmelzen lassen. Mit der Einatmung strecke die Arme wieder Richtung Decke und kehre wieder nach vorn zurück, die Arme sinken lassen.

Nach so einer intensiven Runde im Sitzen geht das Aufstehen am besten über den Vierfüßler: Beuge dich etwas nach vorn und stütze die Hände auf, lege die Unterschenkel auf die rechte Seite und komme in den Vierfüßler. Von hier kannst du in den Herabschauenden Hund gehen: einfach die Knie vom Boden abheben, die Hände fest in die Matte drücken und die Beine strecken. Der Blick wandert zu den Füßen oder Knien. Beuge und strecke die Beine abwechselnd, ohne die Zehen vom Boden abzuheben, um die Hinterseiten der Beine zu öffnen.
Gehe nun nach vorn zu den Händen, beuge die Knie und lass den Oberkörper über die Oberschenkel hängen. Greife die Ellenbogen und hänge dich noch mal genüsslich aus. Dann die Hände langsam auf die Matte sinken lassen, die Daumen ineinander verhaken und mit geradem Rücken nach oben kommen, die Arme lang über den Kopf ausgestreckt. Komm nicht zu schnell hoch, damit dir nicht schwindlig wird. So früh am Morgen ist der Blutdruck bei vielen Menschen noch niedrig und das Blut schafft es nicht, rechtzeitig aus dem Kopf, der gerade noch unten hing, wieder in den Blutkreislauf zurückzukehren. Nichts Ungewöhnliches oder Pathologisches, nur unangenehm.

MIT
LEICHTIGKEIT
IN DEN MORGEN

ATMEN UND SITZEN MACHEN FIT

Wen du dich morgens zu keinerlei körperlicher Betätigung aufraffen kannst, gerade heute oder auch prinzipiell, gibt es dennoch eine tolle Möglichkeit, dich zu erfrischen und für den Tag optimal auszurichten: Pranayama und Meditation – neben den Asanas (Yogaübungen) die beiden Pfeiler des Yoga.

Du musst aber kein Yogi sein, um die Segnungen dieser beiden wunderbaren Methoden genießen zu können. Pranayama sind gezielte Atemübungen, die verschiedene Zwecke erfüllen. Die Übungen bestehen im Wesentlichen in dem Bewusstmachen des Ein- und Ausatmens und der Atempausen, der Verlangsamung oder Beschleunigung des Atemrhythmus und im Verlängern der Atempausen. Wir beschäftigen uns nur mit der verlangsamten Atmung, da sie auf das Nervensystem beruhigend wirkt und gleichzeitig den Körper energetisiert. Du kannst Pranayama und Meditation getrennt voneinander ausführen, also nur atmen oder nur meditieren, aber natürlich auch beides kombinieren. Und natürlich kannst du auch die Yogaübungen und danach oder davor die Atemübungen und/oder eine Meditation durchführen – das wäre ideal.

Was ist denn nun so wichtig, wunderbar und hilfreich am Atmen? Neben den Vorteilen, die auf der Hand liegen – das Atmen ermöglicht mit der Aufnahme von Sauerstoff und der Abgabe von Kohlendioxid sämtliche Stoffwechselvorgänge – gibt es Studien, die unglaublich faszinierende Tatsachen über den Atem enthalten. Vor ein paar Jahren entdeckte nämlich auch die Wissenschaft, dass der Verbindung von Atem und Nervensystem noch viele aufregende Wirkungsmechanismen zu entlocken sind. Zahlreiche Studien belegen demnach, dass Pranayama bei Depressionen und Burn-out hilfreich sein und Ängste, Schlafstörungen, das posttraumatische Stresssyndrom, Asthma sowie Aufmerksamkeitsstörungen lindern kann. Übrigens gilt so ziemlich das Gleiche für Meditation und Yogaasanas – und die Forschung hat gerade erst angefangen, sich mit diesen Themen zu beschäftigen! Die Yogis und Buddha wussten es halt schon ein paar tausend Jahre früher...

LINKS, RECHTS, LINKS, RECHTS

Wir nutzen dieses alte Wissen in der nächsten Übung, der Wechselatmung, auf Sanskrit: Nadi Shodana oder auch Anuloma Viloma. Die Nadis (Sanskrit für »Röhre«) sind laut indischer Philosophie und Medizin die grob geschätzt 72.000 Energiekanäle, die sich durch den Körper ziehen und die durch Nadi Shodana gereinigt werden sollen. Ich bin ein Fan dieser unglaublich schönen und leicht auszuführenden Pranayamapraxis. Du wirst dich danach frischer, entspannter und geradezu wie neugeboren fühlen, insbesondere wenn du sie öfter übst.

MIT
LEICHTIGKEIT
IN DEN MORGEN

1. Setze dich auf die Matte – in Easy Pose, Schneider- oder Fersensitz –, auf einen Klotz, ein Kissen oder auf einen Stuhl. Deine Haltung sollte entspannt und aufrecht sein, deswegen wähle den Sitz, der für dich am bequemsten ist. Hebe deine rechte Hand, klappe Zeige- und Mittelfinger zur Handfläche ein und schließe die Augen. Ringfinger und Daumen sind nun frei beweglich, sie sollen abwechselnd die Nasenlöcher verschließen. Lege den Daumen auf das rechte Nasenloch und atme kurz und tief durch das linke Nasenloch ein. Nun verschließt du auch das linke Nasenloch mit dem Ringfinger, hältst kurz die Luft in der Lunge, öffnest dann das rechte Nasenloch und atmest dort wieder lang aus. Du atmest rechts wieder ein, verschließt die Nase, hältst die Luft und atmest anschließend wieder links aus. Und links wieder einatmen und so weiter.

Du kannst bei dieser Übung während des Atmens auch zählen, um einen regelmäßigen Rhythmus zu kultivieren: Auf 2 einatmen, auf 4 halten und auf 8 ausatmen, natürlich auch doppelt so lang, also auf 4, 8, 16 oder eine andere Kombination, die dir sympathisch ist. Wichtig ist, schnell und kurz einzuatmen und die Luft nicht zu lang zu halten, sonst steigen Puls und Blutdruck unnötig. Das sehr lange Ausatmen dient dazu, das Nervensystem zu harmonisieren. Das Zählen beruhigt die Gedanken, sodass aus der Atemübung eine Meditation wird. Wenn dir der Arm zu schwer wird, stütze ihn mit der linken Hand ab.

Versuche, wenigstens zehn Zyklen zu atmen, ein Zyklus beginnt einatmend links und endet ausatmend links. Du beendest die Übung also ausatmend auf dem linken Nasenloch. Lass die Hand sinken und gehe wieder zu einer natürlichen und damit flacheren Atmung über.

Nadi Shodana entgiftet, reinigt Lunge und obere Atemwege (nicht schlecht für Raucher!) und wirkt vorbeugend gegen Allergien und Erkältungskrankheiten. Auch bei Asthma hat sich die Übung bewährt. Zudem synchronisiert sie die beiden Körper- und Gehirnhälften und wirkt konzentrationsfördernd sowie beruhigend. Ich stelle mir immer vor, bei der Einatmung würde die jeweilige Körperhälfte mit Energie (Prana) gefüllt, beim Halten kreist die Energie durch den ganzen Körper und beim Ausatmen wird Verbrauchtes und Überflüssiges abgegeben. Sehr erfrischend!

GLAUB NICHT, WAS DU DENKST

Viele sind erst einmal eingeschüchtert, wenn man ihnen vorschlägt, es mal mit Meditation zu probieren. Denn es gibt ein gruseliges Gerücht: Angeblich darf man beim Meditieren nicht denken. Aha – und wie soll das gehen? Unmöglich! Genau, unmöglich, denn unser Gehirn wurde zum Denken gebaut. Es geht bei der Meditation auch gar nicht darum, das Denken abzuschalten, im Gegenteil. Denken kannst du nicht verhindern, aber du musst ja nicht alles glauben, was du denkst. Unsere Gedanken haben normalerweise die Eigenschaft, völlig unkontrolliert und assoziierend, je nachdem, was deine Sinne gerade wahrnehmen, zu reagieren. In etwa so: Da steht ein Mann an der Ampel, der sieht aus wie Fritz, wann habe ich Fritz das letzte Mal gesehen? Ach herrje, das war auf dieser unsäglichen

Party in XY, und auf der Party war ja auch Elfriede, und die hatte damals von ihrer Guatemala-Reise erzählt, da will ich auch mal hin, aber ich muss ja immer so viel arbeiten, oh je, den Herrn Meier-Müller muss ich noch anrufen wegen des Termins am Donnerstagnachmittag ... und so weiter und so weiter. Eine endlose Kette an Krimskrams, der da durch unsere graue Masse geschleust wird.

In der Meditation wollen wir diese endlose Assoziationskette aber gar nicht verschwinden lassen, sondern dem Gebrabbel mal ganz unvoreingenommen zuhören und ihm so allenfalls etwas von seiner Geschwindigkeit nehmen. Wie ein stiller Beobachter, der keine Meinung dazu hat, sondern sich zurücklehnt und mit Interesse und Neugier die Mechanismen des Geistes erforscht. Ja, du wirst zum Forscher oder zur Forscherin in deinem eigenen Kopf, ist das nicht aufregend? Eine Entdeckungsreise liegt vor dir – allerdings ist sie ganz ungefährlich. Keine wilden Tiere lauern dir im Dschungel auf, und keine fiesen Krankheiten können dich befallen. Wie im Kino lässt du auf der Leinwand deines Geistes die Gedanken vorbeiziehen und schaust sie dir an. Im Buddhismus nennt man diese Methode Nicht-Identifikation – du nimmst nicht ernst, was auf der Leinwand gespielt wird, und identifizierst dich nicht mit dem, was irgendein Regisseur im Inneren deines Bewusstseins inszeniert.

Wenn du die Meditation und somit Selbstbeobachtung oft genug übst, kannst du das auch im »richtigen Leben« nutzen: dich also selbst bei deinen Handlungen und Gedanken beobachten und im Ernstfall viel gelassener reagieren, dich nicht so leicht aus der Ruhe bringen lassen.

Für uns westlich orientierte Menschen, denen die eigene Meinung so extrem wichtig und für die das (rationale) Denken der Ursprung der abendländischen Kultur ist, stellt die Meditation zunächst vielleicht keine so leichte Übung dar. Damit an dieser Stelle kein Missverständnis aufkommt: Du darfst natürlich immer noch eine Meinung haben. Allerdings muss ich aus eigener Erfahrung sagen: Seitdem ich meditiere, ist es mir nicht mehr so wichtig, diese Meinung auf Biegen und Brechen durchzusetzen, mich in sinnlosen Diskussionen zu verlieren und meine Zeit damit zu verschwenden, unbedingt recht haben zu wollen. Das war früher anders, da hab ich brennend gern diskutiert, gekämpft, mit Worten gefochten und vermutlich auch verletzt. Heute besinne ich mich mehr auf das Wesentliche und die Kommunikation, weniger auf die Konfrontation. Natürlich muss auch ich manchmal noch kämpfen, meinen Standpunkt vertreten, aber selbst dann nehme ich mich nicht allzu ernst (hoffe ich) und werde nicht mehr laut oder ausfallend. Meistens – und wenn doch, gilt: selbst beobachten und lernen.

ALLER MEDITATIVEN DINGE SIND DREI

Ich komme nicht umhin, etwas Eigenwerbung einzuflechten – zumal ich mich auch nicht wiederholen möchte, insbesondere denen gegenüber, die mein erstes Buch schon gelesen haben: Im Kapitel »Meditieren für ein besser gelauntes Leben« habe ich die Vorzüge der Meditation oder des »Sitzens« ausführlich geschildert. Deswegen werde ich mich hier auf das Wesentliche beschränken, für die Einzelheiten kannst du gern mal einen Blick in *Von der Kunst, Yoga & Achtsamkeit im Alltag zu leben* werfen. Und/oder natürlich meine Buchempfehlungen zum Thema Meditation im Anhang beachten, verfasst von noch viel berufeneren Experten.

Das Wichtigste zuerst – der Zeitpunkt. Wobei auch der natürlich Geschmackssache sein kann, aber nach einigen Jahren Meditationserfahrung kann ich empfehlen, möglichst frisch nach dem Aufstehen damit zu beginnen. Am besten hast du das Bettyoga bereits hinter dich gebracht, sodass sich dein Rücken schon etwas geschmeidiger anfühlt und du besser sitzen kannst. Ich finde die etwas schummrige und noch leicht verpennte Stimmung des Geistes ideal, um mit der Meditation eine Art erfrischende Dusche zu genießen. Außerdem schwebt unser Gehirn noch so halb im Traumland und im Unbewussten, und die interessantesten Dinge tauchen beim stillen Sitzen aus diesem geheimnisvollen Reich auf. Sei neugierig.

Zum Meditieren brauchst du drei Dinge: Motivation, Sitz und Ort. Erstens: Ohne Motivation wirst du es einfach nicht regelmäßig schaffen zu meditieren, und so wird die Wirkung recht schwach bleiben. Allerdings wird deine Motivation zu sitzen mit der Häufigkeit des Meditierens exponentiell steigen. Es hat einfach eine wunderbare und deutlich spürbare Wirkung.

Zweitens: Wenn du unbequem sitzt, wird die ganze Motivation in sich zusammensacken, weil du dich mit schmerzendem Rücken, Knien oder Nacken nur schlecht versenken kannst. Mit den Yogaübungen wird aber auch das leichter werden – und es gibt ja Stühle.

Drittens: Du brauchst einen Ort oder eher eine Ecke in deiner Behausung, die du gern aufsuchst, weil du dich dort wohlfühlst. Wenn du Wert auf Schönheit legst, mach es dir hübsch, bist du eher puristisch veranlagt, kreiere dir eine klare Umgebung. Du kannst deinen Platz dekorieren, mit einem Buddha, einem schönen Bild, Muscheln oder Steinen, einer Kerze oder einem Tuch oder was auch immer dir ein angenehmes Gefühl beschert. Mach deinen Meditationsort zu etwas Besonderem, dann wird dort auch eine andere Schwingung spürbar und sichtbar werden.

KAPITEL 3

DAS MUSS SITZEN

Du brauchst also eine Sitzgelegenheit, eine Decke, ein Kissen, ein Meditationskissen, einen Meditationshocker oder eben einen Stuhl, wenn auf dem Boden zu sitzen für dich zu unbequem sein sollte. Ich habe zum Beispiel mein Meditationskissen auf einem Lammfell platziert. So kann ich gut im Fersensitz meditieren, ohne dass mir die Knie wehtun.

Wichtig ist, dass du gerade sitzen kannst, also mit aufgerichtetem Rücken. Wenn du auf dem Boden sitzt oder auch auf einem Kissen oder einer Decke, sollten sich deine Knie nicht oberhalb deiner Hüftknochen befinden. Am besten liegen sie auf dem Boden unterhalb der Hüften; setz dich also so hoch, dass du deine Knie nach unten ablegen kannst. Sehr bequem und praktisch sind etwa die kleinen Mediationshocker, auf denen du im Sitzen deine so unbelasteten Knie unter den Hocker schieben kannst. Mit einer weichen Unterlage wie einer Decke unter den Schienbeinen wird es auf diese Weise recht bequem. Kann nur noch der Rücken schmerzen ... Deswegen sei ganz ehrlich mit dir: Wenn du nicht auf dem Boden oder Hocker sitzen kannst, weil alles wehtut, nimm einen Stuhl. Versuche aber, dich nicht anzulehnen, und sitze ganz vorn am Rand der Sitzfläche.

Warum das Gedöns mit dem Sitzen? Jeder Schmerz im Nacken, jede Verspannung im Rücken, jedes Ziehen im Knie wird dich erst einmal ablenken und deine Motivation schrumpfen lassen. Deswegen beginne mit kurzen Meditationseinheiten, fünf Minuten sind am Anfang genug. Du kannst dich mit der Zeit steigern (siehe Kapitel »Schritt für Schritt zur Morgenroutine«, S. 160ff.). Auch später wirst du deinen Körper und insbesondere die Verspannungen spüren. Das nennt man im Buddhismus den Dharma-Schmerz; er ist willkommen, denn du kannst den Schmerz in die Meditation integrieren, eine interessante Erfahrung! Doch dazu später.

MIT
LEICHTIGKEIT
IN DEN MORGEN

NACH INNEN UND AUSSEN LAUSCHEN

Nun ist es Zeit, den Schleier zu lüften: Wie geht Meditation? Sie ist zunächst mal viel weniger spektakulär und kompliziert, als du vielleicht erwartest. In der Hauptsache geht es um Selbstbeobachtung. Es gibt vier Möglichkeiten der Selbstbeobachtung in der buddhistischen Tradition (und das ist nun mal die älteste und ausgeklügelste aller Meditationsformen): Du kannst deine Körperempfindungen, Gefühle und Emotionen, Gedanken und deinen Geisteszustand zum Gegenstand deiner Betrachtung machen. Die Basis dieser Betrachtungen ist eine unvoreingenommene, ja, neugierige und nicht wertende Haltung, fast wie ein Kind, das voller Freude und Aufmerksamkeit etwas völlig Neues entdeckt. Dein Anker, wann immer du abzuschweifen drohst, sind der Atem und die Wahrnehmung des Atems.

Natürlich werden dir wertende, verärgerte, kritisierende, fragende, abschweifende und völlig unsinnige Gedanken dazwischenfunken, aber lass sie einfach vorbeiziehen. Mit der Zeit wirst du deinen Geist so gut trainiert haben, dass du dich weniger mit deinen Gedanken identifizierst. Nimm dir das allerdings nicht als Ziel vor, es wird von allein viel früher kommen, als wenn du es willentlich erzwingen wolltest.

Ich habe eine noch etwas andere Variante der Meditation ersonnen, wobei das ganz sicher irgendjemand vor 2.000 Jahren schon genau so gemacht hat: Du konzentrierst dich hier ganz einfach auf dein Gehör und lauschst nach innen und außen.

Wenn du Meditationsneuling bist, würde ich ganz entspannt mit fünf Minuten anfangen. Du kannst dich ja steigern, das geht immer. Meditation ist unendlich ausdehnbar; pragmatisch gesehen, ist wahrscheinlich irgendetwas zwischen 5 und 30 Minuten realistisch.

Damit du nicht auf die Uhr schauen musst, benutze entweder die Stoppuhr am Handy oder lade dir eine der inzwischen recht zahlreichen Apps mit Meditationsgong herunter, die man individuell einstellen kann. Die Gongklänge finde ich viel angenehmer als die Stoppuhrsounds, bei denen ich eher erschrecke, als sanft zurückkehre.

Du kannst diesen Text auch mit einer Sprach-App auf dein schlaues Telefon aufnehmen, dann musst du nicht lesen. Wenn du deine Stimme nicht magst, was ja leider oft der Fall ist und wiederum kontraproduktiv wirken würde, bitte jemand anderen, den Text zu sprechen.

Setz dich nun aufrecht und möglichst entspannt auf deine gewählte Sitzgelegenheit. Wenn du noch kein Yoga im Bett oder auf der Matte gemacht hast, kannst du dich gern strecken und recken, gähnen, seufzen oder tun, wonach auch immer dir ist. Doch verweile nicht zu lang, sondern versuche, recht zügig in der Meditation anzukommen. Die Hände kannst du entweder entspannt mit den Handflächen auf die Oberschenkel legen oder du drehst die Handflächen nach oben, das öffnet den Brustkorb etwas mehr. Wenn du dich noch mehr (kon-)zentrieren möchtest, mache diese Mudra: Die rechte Hand nimmt die linke Hand auf, Handflächen nach oben, die Daumen berühren sich. Diese Handhaltung findest du bei vielen Buddhastatuen und -bildnissen.

MIT LEICHTIGKEIT IN DEN MORGEN

Schließe die Augen oder lass sie nur noch einen kleinen Spalt offen, sodass du deine Nasenspitze gerade noch sehen kannst. Das ist Geschmackssache – ich habe die Augen lieber zu, da mich optische Reize, seien sie noch so winzig, ablenken. Andere sagen, sie können die Effekte der Meditation besser in den Alltag mitnehmen, wenn die Augen ein klein wenig geöffnet sind. Probiere einfach aus, was dir besser gefällt.

Komme an auf deiner Sitzgelegenheit, spüre alle Punkte, an denen dein Körper Matte, Block oder Stuhl berührt. Nimm das Gewicht deines Körpers wahr und »scanne« deine Befindlichkeit. Gibt es Muskeln, die du willentlich loslassen kannst, dann lass los. Im Gesicht, Kiefer, Nacken, Bauch, Rücken, in den Armen und Beinen sind nun alle Muskeln gelöst. Vielleicht triffst du hier wieder die »alten Bekannten« von Tadasana am Abend (siehe S. 52 ff.), Verspannungen und Blockaden, die du willentlich nicht loslassen kannst. Atme dorthin, sende ein begrüßendes Lächeln zu ihnen, sage freundlich Hallo – und wandere mit deiner Aufmerksamkeit weiter durch den Körper.

Atme nun durch die Nase ein, strecke die Wirbelsäule und nimm eine aufrechte Haltung an, eine Haltung, die dir ein Gefühl von Würde und Wachheit vermittelt. Mit der Ausatmung lass die Schulterblätter Richtung Hüften sinken. Komm vollständig und konsequent in deiner Haltung an und bewege dich möglichst nicht mehr bis zum Ende der Meditation.

Nimm nun zuerst Kontakt zu deinem Atem auf. Ist er flach oder tief, langsam oder schnell, stockend oder fließend? Gibt es Stellen, an denen der Atem nicht so gut vorbeifließen kann? Gibt es Bereiche, in denen du den Atem leicht und mühelos wahrnehmen kannst? Du musst nichts verändern, lass alles, wie es ist, und nimm nur wahr, was jetzt und in diesem Moment geschieht.

KAPITEL 3

Schau mal, ob es möglich ist, einen Atemzug vom Anfang bis zum Ende mit der Aufmerksamkeit zu begleiten. Von dem Moment, in dem die Luft vor den Nasenlöchern verwirbelt wird, bevor sie durch die Einatmung in die Nase gesaugt wird, dann am Rachen entlangstreicht und in der Luftröhre ankommt. Der Brustkorb hebt sich bei der Einatmung. Was bewegt sich noch? Vielleicht der Bauch, die Schultern, der Rücken? Mit der Ausatmung sinkt der Brustkorb wieder ein. Was bewegt sich noch? Beobachte den Moment, wenn der Atem wieder in der Luftröhre ankommt, das sanfte Reiben im Rachen, und nimm wahr, wie die Luft schließlich wieder vor der Nase verwirbelt wird. Kannst du einen Temperaturunterschied zwischen der ein- und der ausgeatmeten Luft feststellen? Sei ganz neugierig, wie ein Forscher, der jedes Detail aufnehmen möchte, dem nichts entgehen soll und der insbesondere noch nie so etwas Fantastisches wie die Atmung gesehen oder erlebt hat. Auch wenn es dir nicht gelingt, einen Atemzug vollständig mit der Aufmerksamkeit zu begleiten, es passiert – nichts. Es geht nur um deine Wahrnehmung und Beobachtung. Du nimmst auch einfach nur das wahr: Es geht gerade nicht. Keine Bewertung, Verurteilung oder Verärgerung nötig, keiner schreibt mit oder wird dich anschwärzen, im Moment gibt es auch keinen Preis zu gewinnen. Nur Ruhe und Gelassenheit, auch der eigenen Unruhe gegenüber ...

Nun wende dich mit der Aufmerksamkeit allen Geräuschen zu, die du wahrnehmen kannst. Zunächst bleibe ganz bei dir, höre deinem eigenen Atem zu, vielleicht deinem Herzschlag. Lausche auf die Geräusche, die im Raum zu hören sind. Dann richte deine Aufmerksamkeit auf alles, was von draußen, von außerhalb deines Zimmers und schließlich außerhalb des Gebäudes, in dem du dich befindest, an deine Ohren dringt. Registriere wie ein ganz feines Messinstrument jedes leise und laute Geräusch; mach deine Ohren weiter, zu ganz großen Schüsseln, die alles, jedes kleinste Detail aufnehmen können. Versuche auch hier wieder, die Position des unbedarften

Forschers einzunehmen: Du hast das alles noch nie gehört und machst dir auch nicht die Mühe, es einzuordnen. Es ist unerheblich, wer oder was die Geräusche verursacht. Vielleicht kannst du für dich orten, welches Geräusch am weitesten weg erklingt? Welches Geräusch ist dir am nächsten? Pendle hin und her zwischen den Distanzen.
Dann pendle zurück und nimm wieder deinen Atem wahr. Sei mit der Aufmerksamkeit ganz bei dem Vorgang des Atmens, dem Gefühl, das er in dir auslöst. Verschiebe den Fokus dann zurück auf das Lauschen und dann wieder zurück zum Atem. Verkürze die Abstände des Pendelns – ist es irgendwann möglich, beides gleichzeitig wahrzunehmen, Atem und Geräusche? Bleibe noch ein paar Momente dabei, deine Aufmerksamkeit zu teilen, dann kehre wieder zum Atem zurück. Schließlich spüre wieder deinen Körper, seine Auflagepunkte auf der Sitzgelegenheit; verweile hier, bis der Gong ertönt.
Nimm einen tiefen Atemzug und öffne sehr langsam und bewusst die Augen. Versuche, ein Gefühl dafür zu bekommen, was sich in deiner Wahrnehmung ändert, wenn du den Sehsinn wieder einschaltest.

Was du bei dieser Meditation erlebst, ist natürlich deine ganz eigene Erfahrung. Normalerweise gebe ich da auch nichts vor, weil jeder etwas anderes erfährt und seinem oder ihrem eigenen Pfad folgt. In diesem Fall möchte ich nur kurz meine Erfahrung teilen: Ich hatte einmal die Empfindung, als das Pendeln aufhörte und ich Atmen und Lauschen gleichzeitig hinbekam, dass sich die Grenzen zwischen innen und außen auflösten. Die Oberfläche meines Körpers und das Innenleben waren vollständig mit dem Rest der Welt verschmolzen, es gab keine Trennung mehr zwischen mir und dem Universum – bombastisch!

So einen Knaller musst du nun nicht anstreben und natürlich auch nicht erleben. Was ich damit sagen will: Sei auf alles gefasst, Meditation ist eine aufregende und unvorhersehbare Entdeckungsreise nach innen. Je öfter du die Reise antrittst, desto interessanter wird sie.

EINFACH NUR SCHAUEN MACHT KREATIV

Wem das oben Beschriebene im ersten Moment viel zu kompliziert ist, dem empfehle ich die einfachste und auch sehr effektive Form der Meditation, insbesondere wenn an diesem Tag ein kniffliges Problem oder eine schwierige Aufgabenstellung ansteht. Aber auch ohne komplizierte Aufgaben ist dies eine wahre Erholung und Erfrischung für dein System: einfach mal nur aus dem Fenster schauen. Klingt super banal, ist es in Zeiten von schlauen Telefonen, Tablets und Computern aber nicht (mehr). Wann genehmigen wir uns noch den Luxus, einfach nur dazusitzen und nichts, aber auch gar nichts zu tun? Wir sind immer irgendwie beschäftigt, da nehme ich mich jetzt nicht aus. Immer treibt uns ein Ziel nach vorn, und sei es auch nur, den Müll rauszubringen. Einfach nur für fünf Minuten dasitzen und schauen. Kannst du das noch? Auf jeden Fall kannst du es üben.

Setz dich dafür auf einem Stuhl ans Fenster und blicke nach draußen, egal, welcher Ausblick sich bietet. Er muss nicht schön sein, das ist unwichtig. Nimm zunächst einmal nur die Farben wahr. Sind sie kräftig oder eher blass? Verändert sich das Licht? Wie ist der Himmel? Sind Wolken da? Bewegen sie sich? Beobachte die Bewegungen, die sich in dem Bild abspielen. Wie verändert sich das Bild dadurch? Wie weit kannst du blicken? Alle Gedanken, die jetzt in deinem Geist auftauchen, dürfen wie die Wolken am Himmel weiterziehen. Sie dürfen da sein, aber sie sind unerheblich, gleichgültig. Wann immer die Gedanken das Ruder übernehmen wollen, denke: »Sehen. Sehen. Sehen.« Vielleicht aber hast du einen Gedanken oder eine Assoziation, die dir sehr interessant und ungewöhnlich vorkommt? Versuche, deinen Blick ganz weich werden zu lassen, die Augen zu entspannen, Wohlwollen über das auszubreiten, was du siehst. Nimm Details wahr. Du kennst den Blick aus deinem Fenster, aber es gibt so vieles, das du vielleicht noch nie wahrgenommen hast, obwohl du jeden Tag zig Mal dieses Bild vor Augen hast.

Wenn die fünf Minuten mithilfe von Gong oder Stoppuhr beendet sind, schließe kurz die Augen und atme tief durch. Schau nach innen und spüre nach, welchen Effekt diese Übung hat. Bist du ruhiger, wacher, haben sich interessante Gedanken aufgedrängt? Möchtest du etwas aufschreiben?

Diese kleine Sehmeditation hat ganz enorme Wirkungen auf dein Gehirn: Dinge, die du sonst unbewusst wahrnimmst und durch Achtsamkeit in dein Bewusstsein holst, verändern deine Wahrnehmung und beeinflussen dein Nervensystem. Du bekommst ein deutlicheres Gefühl für die Gegenwart, denn der Geist beruhigt sich. Gedanken an Vergangenheit oder Zukunft verlieren ihre Wichtigkeit, und ganz neue Assoziationen können entstehen. Achtsamkeitsübungen und Meditation fördern auf diese Weise die Kreativität. Kreativität heißt nicht, dass du nach sechs Wochen Meditation einen literaturpreiswürdigen Roman verfasst oder so – Kreativität bedeutet im ursprünglichen Sinn, neue Verknüpfungen zwischen Bereichen zu finden, die im ersten Moment gar nichts miteinander zu tun zu haben scheinen. Kreativität bedeutet, fantasievolle neue Wege zu gehen, besonders in einer Situation, die festgefahren scheint. Ganz neue Perspektiven in einem Bild zu entdecken, das du schon Hunderte von Malen gesehen hast ...

KAPITEL 3

MUSIK MACHT GLÜCKLICH

Magst du Musik? Wie fühlst du dich, wenn du deine Lieblingsmusik hörst? Vermutlich recht gut, denn Musik, die dir gefällt und die dich berührt, macht glücklich. In den letzten Jahren ist ein ganzer Forschungszweig um die Wirkung von Musik auf das Gehirn entstanden. Musik hat ganz wunderbare Effekte auf die grauen Zellen: Die Neuroplastizität, also die Fähigkeit des Gehirns, ständig neue neuronale Verbindungen zu kreieren, wird zum Beispiel durch Musizieren extrem gefördert. Kinder und Erwachsene, die Instrumente spielen, lernen schneller Sprachen, passives Hören fördert unter anderem die Konzentration und beschleunigt die Genesung von Kranken.
Außerdem kann dir Musik einen wunderbaren Start in den Tag bescheren – und zwar nicht nur, indem du das Radio einschaltest. Ganz kühn fordere ich dich auf, morgens zu singen und zu tanzen zu deiner Lieblingsmusik, zu einem Song, der dir gefällt. Oder nutze die Weisheit der alten Yogis und intoniere ein Mantra. Es können auch gern Kinderlieder sein, die machen besonders fröhlich! Das Tolle ist ja, dass du nicht perfekt singen können oder alle Töne treffen musst, denn du bist ja unbeobachtet. Und lass dir von einer Sängerin und langjährigen Gesangspädagogin sagen: Mit der Zeit und Übung wird das mit den exakten Tönen sowieso immer besser.

Eine ganz simple Übung verbindet nun drei Bereiche miteinander, die dich glücklich machen können: Atem, Gesang und Meditation. Dazu eine kleine Geschichte, die ich in Indien erlebt habe und der ich diese schöne Meditation verdanke.

ZURÜCK ZU DEN WURZELN

Ich war in der südindischen Stadt Cochi in Kerala unterwegs und dachte, so eine Yogastunde in Indien wäre doch auch mal eine tolle Idee. Also rief ich kurzerhand in einem Kulturzentrum an, in dem laut Internet ein Kurs angeboten wurde, und fragte nach der nächsten Stunde. Yes, Madam, hieß es von der freundlichen Dame am anderen Ende der Leitung, sehr gern könne ich am Nachmittag zur Yogastunde kommen. Ich begab mich also zu besagtem Kulturzentrum und wurde in ein wunderschönes Atrium mit beeindruckenden Steinreliefs geführt. Ich bekam eine Yogamatte und begann, schließlich allein, wie so oft in Indien, zu warten. Und warten. Und keiner kam. Außer einem etwas untersetzten Herrn mittleren Alters in Anzughose und kurzärmeligem Hemd, der sich mir als Yoga Teacher, aber leider ohne Namen, vorstellte. »Und wo sind die anderen?«, fragte ich. Er sah mich etwas verständnislos an und fragte stattdessen zurück, ob ich Yogaerfahrung hätte. Ein bisschen, meinte ich etwas untertreibend und ahnte, dass jetzt eine Einzelstunde auf mich zukommen würde.

So war es dann auch. Nach ein paar Minuten hatte der unglaublich gelenkige und kräftige Herr in seiner Alltagskleidung (!) gesehen, dass ich keine Anfängerin bin, und fing gleich nach ein paar Sonnengrüßen an, mir den Pfau, Mayurasana, zu verklickern. Mit gutem Grund hatte ich mich an dieses

Tierchen noch nie herangewagt, denn es erfordert schier unmenschliche (oder frauliche) Kräfte: Der Körper ist wie im Brett stocksteif und parallel zum Boden ausgerichtet, während unter dem Bauch die Arme und Hände mit den Fingern nach hinten das Ganze balancieren. Mörderisch. Egal, der Gute war der Meinung, mit etwas »practice« bekäme ich das schon hin, und zeigte mir tatsächlich eine tolle Vorübung an der Wand, mit deren Hilfe ich mich gar nicht so bescheuert anstellte.

Zur Erholung von dieser anstrengenden Aufgabe lehrte er mich nun, das Bija-Mantra zu singen, was ich als das absolute Sahnehäubchen empfand – das ist die eigentliche Geschichte, die ich allerdings erst hinterher recherchierte, denn Erklärungen gab der Yogi relativ wenige ab: Bija heißt übersetzt Keimsilbe oder Wurzel, die bekannteste und ursprünglichste dieser Silben ist das heilige Om oder Aum. Die Bijas sind also einsilbige Mantras, die im Allgemeinen einer Gottheit zugeordnet sind; sie werden, da sie das Essenzielle einer göttlichen Eigenschaft darstellen, als sehr machtvoll angesehen. Gam ist zum Beispiel das Bija zum Elefantengott Ganesha, auch Ganapati genannt, und wird mit seinem Namen zusammen intoniert wie im Mantra Om Gam Ganapataye Namah. Da die Bijas sehr machtvoll sind, wurde lange davon abgeraten, sie unerfahren zu intonieren. Inzwischen, in einer Zeit, in der alles einst esoterische, also geheime Wissen an die Öffentlichkeit kommt und zum Allgemeingut wird, geht man in der Yogawelt größtenteils davon aus, dass es für alle völlig in Ordnung und nicht schädlich ist, die Bijas zu intonieren. Gut so.

EINMAL DURCH DIE CHAKRAS SINGEN

Die Bijas dienen zum einen beim Intonieren eines Mantras zum Verstärken der Eigenschaft einer Gottheit – Ganesha zum Beispiel beseitigt alle Hindernisse bei neuen Projekten und sorgt für einen guten Start. Zum anderen gibt es auch das Bija-Mantra, das jedem Chakra im Körper zugeordnet wird. Und diesem wollen wir uns jetzt zuwenden.

Was sind Chakras? Das Sanskritwort »Chakra« bedeutet Rad und bezieht sich laut verschiedener indischer Philosophien auf die Energiezentren im Körper. Es gibt, wie immer in Indien, auch hier unterschiedliche Auffassungen, aber eine hat sich im Westen durchgesetzt: Man spricht von insgesamt sieben feinstofflichen Chakras, die im Körper eine grobstoffliche Entsprechung finden (siehe Illustration rechts).

Das erste, das Wurzelchakra, befindet sich um den Beckenboden, das zweite, das Sakralchakra, um die Geschlechtsdrüsen unterhalb des Nabels, das dritte, das Nabelchakra, um den Solarplexus, das vierte, das Herzchakra, in der Mitte der Brust, das fünfte, das Kehlchakra, um den Kehlkopf, das sechste, das Stirnchakra, zwischen den Augenbrauen und das siebte, das Scheitel- oder Kronenchakra, eben am Scheitel. Die Räder drehen sich, wenn sie gesund und voller Energie sind, und kommen ins Stocken oder zum Stillstand, wenn Blockaden in Körper und/oder Seele den Energiefluss behindern. Durch das Singen des Bija-Mantras sollen diese Blockaden beseitigt werden. Am Morgen ist diese Übung etwas Wunderbares: Du öffnest Körper und Seele in allen Bereichen, schaffst in dir Selbstvertrauen und Standhaftigkeit, öffnest dein Herz und den Kanal zur Inspiration. Das ganzheitliche Erlebnis des eigenen Körpers ist ein perfekter Start in den neuen Tag.

Zurück zu meinem Erlebnis in Cochi: Der beeindruckend bescheidene Yogameister zeigte mir die entsprechenden Silben und sang mit mir zehn Minuten das Mantra; ich fühlte mich danach unglaublich – frisch, gut gelaunt, energiegeladen – und bildete mir ein, ich könnte auch schärfer und farbiger sehen (nein, da waren keine Substanzen im Spiel!). Ein rundum tolles Erlebnis!

Die sechs Bijas heißen Lam, Vam, Ram, Yam, Ham und Aum. Den jeweiligen Chakras sind auch Farben zugeordnet (siehe Kasten S. 133), sie verstärken die Wirkung. Mir hat es am Anfang sehr geholfen, mir Dinge in der entsprechenden Chakrafarbe vor das innere Auge zu holen, zum Beispiel Klatschmohn für das Wurzelchakra oder Feuer für das zweite und die Sonne für das dritte Chakra.

Wie nun aber singen? Entweder singst du ganz allein vor dich hin und legst dir beim Intonieren die Hände auf das jeweilige Chakra. Ich habe mir zum Merken der Silben folgende Eselsbrücke gebastelt: Lam für das noch lahme Gefühl in den Beinen am Morgen, Vam für das warme Gefühl im Bauch, Ram ist lecker Rahm im Magen, Yam ist das schöne »yummy« Herz in der Mitte der Brust, Ham haucht so schön in der Kehle und Aum sitzt im spirituellen dritten Auge. Das siebte, das Scheitelchakra als Verbindung zum Universum bekommt keine Silbe, denn hier herrscht Stille, die heilige Leere. Die körperliche Bedeutung und die Wirkungsebene der Chakras findest du im Infokasten auf Seite 133.

Viel wirkungsvoller und schöner ist es allerdings, mit Musik zu singen, und dafür gibt es wieder mal YouTube. Auf dem Kanal findest du eine ganze Menge schöner Begleitvideos – ein paar davon im Anhang –, besonders toll finde ich die Chakra Beatbox von MC Yogi in der Extended Version von fast zehn Minuten. Die Beatbox ist auf unaufdringliche Art cool und macht munter – ebenso wie der Rest der CDs von MC Yogi, der unglaublich hip und witzig Mantras und Rap verbindet. Seine Raps erzählen vom bunten Götteruniversum des Hinduismus und seinen manchmal allzu menschlichen Protagonisten.

BEDEUTUNG DER CHAKRAS

Dem jeweiligen Chakra sind Lebensbereiche, Verhaltensweisen und Entwicklungsmöglichkeiten zugeordnet. Die unteren vier Chakras, vom Wurzelchakra bis zum Herzchakra, repräsentieren die Grundbedürfnisse und Emotionen. Die oberen drei Chakras, vom Kehlchakra bis zum Scheitelchakra, schwingen in den höheren geistigen und spirituellen Gefilden und stellen die menschlichen Fähigkeiten und Möglichkeiten in diesen Gebieten dar. Das Herzchakra verbindet geistige und emotionale Welt.

Chakra/Farbe/Bija	Körperliche Entsprechung	Wirkungsebene
Wurzelchakra/Rot/Lam	Wirbelsäule, Füße, Knochen, Zähne, Anus, Beckenboden, Nebennieren	Erdung, Vertrauen, Lebenskraft, Sicherheit, Bodenständigkeit
Sakral- oder Sexualchakra/Orange/Vam	Geschlechtsorgane, Körpersäfte, Blase, Nieren, Becken	Sexualität, Sinnenfreude, Emotionen, Lebendigkeit, Schaffenskraft
Nabelchakra/Gelb/Ram	Solarplexus, Bauchspeicheldrüse, Leber, Verdauungsorgane, Milz, Galle, vegetatives Nervensystem	Wille, Durchsetzung, Identität, Bauchgefühl, Motivation, Mut
Herzchakra/Grün/Yam	Herz, Blutkreislauf, Lymphsystem, oberer Rücken, Thymusdrüse	Liebe, Mitgefühl, Heilung, Sensibilität, Offenheit, Großzügigkeit
Kehlchakra/Himmelblau/Ham	Kehlkopf, Stimme, Schilddrüse, Hals, Schultern, Nacken, Bronchien	Selbstausdruck, offene Kommunikation, Singen, Stimme
Stirnchakra/Dunkelviolett/Aum (Om)	Hypophyse, Kleinhirn, Augen, Nase, Ohren, Hormonsystem	Drittes Auge, Seele, Intuition, Inspiration, geistige Führung, Präsenz, Hellsichtigkeit
Scheitel- oder Kronenchakra/Weiß, Transparent, Hellviolett, Gold/Stille	Großhirn, Zirbeldrüse, Hormonhaushalt	Spiritualität, universelle Liebe, tiefe Erkenntnis, Erleuchtung, Frieden

MIT
LEICHTIGKEIT
IN DEN MORGEN

FRÜHSTÜCKEN – NUR WIE?

Für manche unter uns ist das Frühstück sicher etwas, das gar nicht wirklich stattfindet. Allenfalls gibt es morgens in aller Eile ein Kaffee im Stehen und ab in den stressigen Tag. Mehr Zeit und insbesondere Muße ist vermeintlich gar nicht drin. Für mich ist ein schönes Frühstück zum Beispiel auch nur möglich, wenn ich Zeit am Morgen habe und mich nicht abhetzen muss. Fazit: Früh genug aufstehen! Ich plane grundsätzlich mindestens eineinhalb Stunden vom Aufstehen bis zum Verlassen des Hauses ein, besser noch zwei Stunden.

Das ist natürlich kompletter Luxus, das gebe ich zu. Ich muss schließlich nur einmal in der Woche richtig früh aufstehen für einen Early-Bird-Yogakurs um 5:30 Uhr. Da schaffe ich es auch nicht, etwas zu essen, weil ich so früh und kurz vor dem Yoga außer Tee einfach nichts zu mir nehmen kann. Deswegen gilt auch hier wie bei all meinen Tipps: Schau, was du umsetzen kannst, was für dich realistisch ist und dich nicht unter Druck setzt. Vielleicht schaffst du es ja nur ein- oder zweimal in der Woche, dir ein schönes, ausgedehntes Frühstück zu gönnen, und dann noch mal am Wochenende ein- bis zweimal. Das wäre immerhin etwas.

Geht das einfach nicht, ist das auch nicht so schlimm: Ob das Frühstück, wie von manchen Ernährungswissenschaftlern propagiert, die wichtigste Mahlzeit des Tages ist, darüber lässt sich nämlich trefflich streiten und darüber wird auch heftig diskutiert. Die meisten Studien, die das Frühstück als lebensnotwendig und -verlängernd anpreisen, werden von irgendwelchen Cornflakes-Herstellern oder der Milchindustrie gesponsert. Inzwischen gibt es unabhängige Studien, die den ganzen Frühstücks-Hype entkräften (siehe Kasten S. 137).

Das finde ich auch völlig in Ordnung, denn was für den einen gut ist, muss nicht automatisch auch auf andere zutreffen. Wenn du also zu den Menschen gehörst, die morgens einfach nichts runterbringen, dann zwinge dich nicht. Mir geht es nur um die Qualität, mit der du was auch immer aufnimmst: Vielleicht kannst du deinen Stehkaffee oder Tee ja auch gemütlich im Sitzen verzehren und dabei ein wenig aus dem Fenster schauen (Sehmeditation praktizieren?). Nimm dir auf jeden Fall Zeit dafür.

DIGITAL DETOX

Ob du nun Nahrung zu dir nimmst oder nicht – lass bitte noch die Geräte aus! Kein Handy, kein Computer und auch kein Tablet beim Frühstück. Beginne den Tag nicht schon mit der Überforderung des Nervensystems, der geht ja wahrscheinlich munter so weiter… Versuche, es genauso wie beim Einschlafen zu handhaben, und sei bei dem, was du gerade tust. Wenn es dir richtig schwerfällt, den Blick nicht auf E-Mails, WhatsApps, Facebook-Postings oder andere Nachrichten zu werfen, beobachte dich beim »Entzug«. Sieh es als Achtsamkeitsübung und schau genau hin, was passiert. Welche Gedanken und Gefühle tauchen auf? Setz dich hin, nimm einen Schluck Heißgetränk, genieße ihn, schließe die Augen und geh in dich.

MIT LEICHTIGKEIT IN DEN MORGEN

Wenn du dann, nach ein paar Minuten Kontemplation und Ein-Sicht, bewusst die Entscheidung triffst, aufs Handy zu schauen oder das Tablet hochzufahren, auch gut. Aber du hast eine bewusste Willensentscheidung getroffen und bist nicht mehr so sehr das Opfer deiner Gewohnheiten und Verhaltensmuster.

Und, ach ja: Die gute alte Zeitung liest ohnehin fast niemand mehr, aber trotzdem: Solltest du zu den Zeitungslesern gehören, nimm dir auch die Zeit, dich bewusst dafür zu entscheiden. Was ich etwas anders bewerte, sind Bücher. Ich gebe zu, wenn ich allein bin, lese ich beim Frühstück sehr gern in einem Buch. Kann sein, dass an dieser Stelle ein paar Puristen aufschreien, aber zu denen gehöre ich eben nicht. Ein tolles Buch, ein leckeres Frühstück, grüner Jasmintee, im Sommer auf dem Balkon – herrlich! Ein Buch hat völlig andere Qualitäten als all der Digitalkram, mit dem wir uns sonst ablenken. Mit einer guten Geschichte kann ich mich für einen Moment in einen ganz anderen Bereich meines Bewusstseins zurückziehen. Abgesehen von meiner Bewunderung für gute Schriftsteller wird hier meine Fantasie angeregt, Vorstellungskraft, Emotionen und Assoziationen dürfen meine Synapsen fluten. Ein paar Seiten in einem guten Buch sind wie eine Dusche für meine Kreativität, eine Erfrischung, eine Inspiration, die mich durch den Tag tragen kann.

FRÜHSTÜCKS-HYPE

Um die Relevanz des Frühstücks ranken sich viele Mythen, heute zumeist von wissenschaftlichen Studien gestützt. So ließ die Harvard Medical School 2008 verlauten, wer nicht ordentlich frühstücke, steigere sein Herzinfarkt- und Diabetesrisiko enorm. Andere Wissenschaftler postulierten, wer morgens keine Nahrung zu sich nehme, könne sich gleich mal bei den Weight Watchers anmelden, denn Frühstücks-Skipping und Fettleibigkeit seien enge Freunde. Eine recht bekannte US-amerikanische Firma, die Cornflakes produziert, stützt sich gern auf eine Studie, die behauptet, die Frühstücker hätten den besten BMI (Body-Mass-Index), also Idealgewicht. Der Haken: Der Markenriese hat diese Studie selbst finanziert.

Analysen, die frischer sind als diese einseitigen Behauptungen und aus vermutlich etwas unabhängigeren Quelle stammen, stellten in den Jahren 2016 und 2017 fest: Der Glorienschein um das Frühstück muss definitiv gedimmt werden. So kam das US-Ernährungsministerium zu dem Schluss, es gebe keinerlei Zusammenhang zwischen Gewichtszunahme und gesundheitlichen Risiken und der ersten Mahlzeit des Tages. An der Universität von Alabama erzielten die Forscher in einem Test über vier Monate ähnliche Ergebnisse mit einer Gruppe von 300 Probanden. Die einen frühstückten, die anderen nicht. Die Gewichtszu- oder -abnahme in beiden Gruppen war proportional identisch; die morgendliche Nahrungsaufnahme hatte also null Einfluss auf das Körpergewicht.

Viel wichtiger, so der Würzburger Sportphysiologe und Ernährungswissenschaftler Christoph Raschka, sei es, auf das Bauchgefühl zu hören. Hunger oder nicht, das sei eher die Frage am Morgen. Die Eulentypen, also die Nachtschwärmer, hätten zum Beispiel im Allgemeinen viel weniger Hunger am frühen Morgen als die Lerchen, also die Frühaufsteher. Der Blutzuckerspiegel sei morgens meist so hoch, dass die Energie noch bis mittags reiche.

Überhaupt ist das opulente Frühstück eher eine Erfindung der Moderne: Unsere Vorfahren in der Steinzeit mussten erst einmal Grünzeug, Beeren und Nüsse sammeln oder auf die Jagd gehen, bevor es etwas zum Beißen gab …

MIT
LEICHTIGKEIT
IN DEN MORGEN

BEWUSST ENTSCHEIDEN

Wie jetzt? Doch nicht frühstücken? Ich kann mich nur wiederholen: Höre auf dich, triff bewusste Entscheidungen, jeden Morgen. Wenn ich zum Beispiel abends viel gegessen habe – es war Besuch da, und es wurde richtig aufgetischt, oder ich war zum Essen eingeladen oder das Dinner wurde aus irgendwelchen Gründen recht spät zubereitet –, habe ich häufig keine Lust auf Frühstück und lasse es einfach ausfallen.

Solltest du jedoch grundsätzlich zu den genussfreudigen Frühstückern gehören, ist es immerhin doch sehr wichtig, was du zu dir nimmst. Dass gezuckerte Fertigprodukte wie Müslimischungen, mehrere Scheiben Toast und anderes Brot aus Weißmehl, Joghurts und Cornflakes suboptimal sind, muss ich an dieser Stelle sicher nicht erklären. Ein ernährungswissenschaftlicher Rundumschlag würde den Rahmen dieses Büchleins zudem deutlich sprengen; da verweise ich gern wieder auf meinen Anhang, in dem ich ein paar Buchtitel für dich gesammelt habe. Bei der Ernährung gilt das Gleiche wie immer: Es gibt keine pauschalen Empfehlungen, wir sind alle unterschiedlich und haben nicht den gleichen Metabolismus (Stoffwechsel), setzen Nahrung also teilweise ganz unterschiedlich um. Das Ayurveda mit seiner Dosha-Lehre ist in diesem Sinne beispielsweise eine wunderbare Methode, die dieser Unterschiedlichkeit Rechnung trägt (siehe Anhang). Außerdem: Sei aufmerksam und achtsam, schau genau hin, was dir guttut und was nicht. Das kannst du genauso trainieren wie eine Yogaübung und ist davon auch nicht weit entfernt ...

Ich habe hier ein paar nette Ideen zum Ausprobieren gesammelt, abseits vom klassischen Pappsemmelfrühstück mit zuckriger Marmelade oder Aufschnitt aus fleischlicher Massenproduktion. Im Laufe der Recherchen für dieses Buch ist mir darüber hinaus auch noch eine besonders geniale Idee vor die Füße gefallen. Leckere Sachen, die du zeitsparend und flink schon am Abend vorher zubereiten kannst.

FRÜHSTÜCK NACH JAHRESZEITEN

Ich versuche, mein Frühstück nach den Jahreszeiten auszurichten, und habe sehr angenehme Erfahrungen damit gemacht. Im Winter mag ich zum Beispiel gern ein warmes Frühstück, unabhängig von der Jahreszeit darf es auch immer süß sein. Ein solches Frühstück wärmt mich schon mal von innen auf und macht mich stundenlang satt. Im Sommer hingegen, besonders wenn es richtig warm ist, zieht es mich eher zu frischen Obstsalaten. Ich habe hier versucht, für jeden Geschmack etwas zu finden – allerdings sind die Rezepte, da ich seit über drei Jahrzehnten Vegetarierin bin, fleischlos und zum Teil vegan. Nein, es folgt keine Predigt über die Vorteile der fleischlosen und/oder tiereiweißfreien Ernährung und das Drama der modernen Massentierhaltung, keine Sorge. Die Argumente dürften hinreichend bekannt sein, und das Missionarische liegt mir nicht besonders. Die Frühstücksvorschläge sind deswegen auch so konzipiert, dass du viel verändern kannst, je nach Geschmack Zutaten hinzufügen oder weglassen kannst, der Fantasie sind keine Grenzen gesetzt. Ich bedanke mich bei dieser Gelegenheit bei allen, die leckere Ideen beigetragen haben!

WÄRMESPENDER IM WINTER

Getreide aller Art, am besten in Breiform, machen warm und glücklich – mich besonders, wenn das Breichen auch noch süß ist. Aufgekochtes Getreide

MIT
LEICHTIGKEIT
IN DEN MORGEN

ist besser verdaulich, weil es durch die Hitze im Topf schon »geknackt« wurde und dem Darm so die Arbeit erleichtert. Angereichert mit Gewürzen, die das Agni, das Verdauungsfeuer auf Ayurvedisch, anregen, erzeugt so ein warmer Brei ein wohliges Bauchgefühl. Außerdem macht er für längere Zeit richtig satt: Ich brauche meist erst mittags, ungefähr nach vier bis fünf Stunden, wieder etwas zu essen.

Es gibt viele Möglichkeiten, den Brei herzustellen, und entgegen aller Befürchtungen, die du nun vielleicht haben könntest, geht das auch schnell und ist unaufwendig! Das Getreide kocht sich sowieso von allein, du musst nicht neben dem Herd stehen. Ich koche mir zum Frühstück gern Hirse, Amaranth oder Quinoa in Wasser, weil ich keine Milch mag. Natürlich kannst du auch Milch oder jede Art von Milchersatz nehmen, etwa Mandel- oder Reismilch. Ganz wichtig finde ich eine Prise Salz, auch wenn das Ergebnis süß sein soll, denn Salz bringt den jeweiligen Getreidegeschmack noch mehr hervor.

Außerdem dünste ich mir gern mal Obst mit etwas Wasser im Topf, zum Beispiel Apfel mit einer Zimtstange, herrlich! Oder ich gebe Nüsse wie Haselnüsse, Walnüsse, Mandeln oder Cashewkerne dazu, dann hat der Brei etwas mehr Biss. Kokosraspel machen sich ebenfalls wunderbar in der heißen Masse. Auch Nussmus ist eine geschmeidige Zutat, mein Favorit ist Haselnussmus. Gewürze dürfen natürlich auch nicht fehlen: Eine Zimtstange, Vanille oder Kardamom runden das Ganze ab und machen wohlig warm. Sehr wärmend wirken auch Ingwer und Kurkuma im Brei, aber besonders Kurkuma hat einen starken Eigengeschmack, den nicht jede/r mag. Beides sind allerdings fantastische Immunsystem-Booster! Im Winter ja mal ganz brauchbar ... Vermische einfach alles, was dein Herz oder Bauch begehrt, mit dem Brei und süße nach Belieben. Ich verwende Bio-Ahornsirup

Grad C, weil ich den karamelligen Geschmack liebe. Neben Ahornsirup gibt es inzwischen eine ganze Reihe von Zuckeralternativen wie Xylithol, Honig, Stevia oder, wenn du komplett auf Fertigprodukte verzichten möchtest, Datteln. Besonders köstlich finde ich die Medjool-Datteln, sie sind nicht so trocken und lassen sich sehr gut unter den Brei mischen. Hier das Grundrezept für eine Portion – in diesem Fall Hirse. Für alle anderen Getreide bitte die Angaben auf der jeweiligen Packung beachten.

WARMER BREI

Zutaten für 1 Portion
50 g Hirse
1 Prise Salz
150 ml Wasser oder eine andere Flüssigkeit wie Milch

Nach Belieben
1/2 Zimtstange
2 Kapseln Kardamom
1/4 TL Bourbon-Vanillepulver
1 Handvoll Nüsse
Nussmus
Medjool-Datteln
1 Prise Kurkuma
Süßungsmittel (Ahornsirup, Honig, Stevia, Agavendicksaft)

Zubereitung
Die Hirse in ein Sieb geben und kurz mit heißem Wasser abspülen. Anschließend – nach Belieben mit der Zimtstange und/oder den Kardamomkapseln – in leicht gesalzenem Wasser auf dem Herd zum Kochen brin-

gen. Ich koche energie- und zeitsparend im elektrischen Wasserkochtopf vor und stelle das Wasser dann mit der Hirse in einem Topf auf den Herd. Nach dem Aufkochen 15 bis 20 Minuten auf kleiner Flamme köcheln lassen. Je nach Geschmack kann man den Brei »al dente« oder weich kochen, einfach zwischendurch mal testen.
Den Brei in eine Müslischüssel oder in einen tiefen Teller füllen und die restlichen Zutaten untermischen. Nach Belieben süßen und noch warm genießen!

Wenn dir das Breikochen zu lange dauert, gibt es diese zeitsparende Alternative: Flockenbrei macht megasatt, und besonders die Haferflocken sind echtes Kraftfutter. Es gibt in Bioläden und auch Drogeriemärkten inzwischen eine Fülle verschiedener Flocken – wenn du eine Flockenquetsche hast, kannst du sie natürlich auch aus jedem Getreide selbst herstellen. Das wäre die optimale und vollwertige Variante. Du kannst all die Zutaten, die du dem Hirsebrei hinzufügen würdest, auch in die Flocken geben, also Nüsse, Zimt, Ingwer, Gewürze, Kokosflocken, Obst ... Ich koche den Brei am liebsten in Wasser, doch man kann auch Sahne, Milch oder einen Hafer- oder Reisdrink verwenden.

FLOCKENBREI

Zutaten für 1 Portion
4 EL Flocken (Hefe, Reis, Hafer, Dinkel, Gerste ...)
1 Prise Salz
1/2 TL Zimtpulver

Nach Belieben
Nüsse
Kokosflocken
Obst
Nussmus
1 Schuss Sahne oder frisch gepresster Orangensaft
Süßungsmittel (Ahornsirup, Honig, Stevia, Agavendicksaft)

Zubereitung
Flocken in einen kleinen Topf geben, salzen und mit Wasser auffüllen, bis die Flocken bedeckt sind. Unter Rühren aufkochen. Vom Herd nehmen, Zimt unterrühren und Zutaten nach Belieben hinzufügen.

SPIELWIESE OBSTSALAT

Wenn es draußen wärmer wird, habe ich meist keine Lust mehr auf heißen Brei und möchte lieber frische Früchte zum Frühstück. Dann schöpfe ich begeistert aus dem vollen Obstprogramm und zelebriere meinen morgendlichen Obstsalat. Das Tolle an Obstsalat ist: Du kannst ihn jeden Tag anders machen. Mir fallen beim Zusammenwerfen der Früchte immer wieder neue Varianten ein, von rotem Pfeffer bis Basilikum oder Kurkuma, von Nussmus bis Vanille kann da alles rein. Besonders freue ich mich immer auf die Beerensaison – von Erdbeeren, Himbeeren, Heidelbeeren, Johannisbeeren und Brombeeren kann ich nicht genug kriegen.

Das »Grundrezept« ist schnell erklärt: Einfach das Obst nach Belieben klein schneiden und etwas Zitronen- oder Limettensaft darüberträufeln. Wenn es nötig ist, süßen, am besten mit Trockenfrüchten wie Aprikosen oder Pflaumen oder mit den tollen Medjool-Datteln.

MIT
LEICHTIGKEIT
IN DEN MORGEN

Hier ein paar Vorschläge für Zutatenkombis, die du natürlich abändern kannst. Dosiere nach Geschmack und Tagesform:
– Geriebener Ingwer, Kokosflocken, Biovanillemark oder -pulver
– Walnüsse und Vanillemark oder -pulver
– Haselnuss- oder Cashewnussmus und Zimt, ganze Cashewkerne
– Rote Pfefferkörner, Zitronenmelisse, gehackte Mandeln
– Zu Erdbeeren: ein paar Basilikumblätter und etwas grüner Pfeffer
– Zu Pfirsichen: frische Minzblätter und Orangensaft

BUTTER DE LUXE

Die folgenden Butterrezepte stammen aus der Versuchsküche meiner lieben Freundin Kathrin Mosandl und ihrer Co-Autorin Jeanette Langguth, die in dem Buch *Vollwertig abnehmen* unglaublich leckere Sachen kreieren. Das Buch ist auch für Leute wie mich, die nicht abnehmen wollen, eine Fundgrube! Die Butter kannst du natürlich schon am Tag oder Abend vorher zubereiten.

Eine Anmerkung zu den Zutaten: Masala ist das, was man in Deutschland im Allgemeinen unter Currypulver versteht – Curry bezeichnet in Indien das ganze Gericht, die individuelle Gewürzmischung zum Gericht nennt sich Masala. Jede indische Familie, die etwas auf sich hält, kocht ihre Currys mit einer eigenen Masala und hütet ihre Zutatenliste wie ein Staatsgeheimnis. Deshalb mein Tipp: Bitte kein Currypulver im Supermarkt kaufen. Darin stecken meist Geschmacksverstärker, Zucker und anderen Zutaten, die überhaupt nicht hineingehören und von der Aromenexplosion eines echten Masala meilenweit entfernt sind. Inzwischen gibt es in Biosupermärkten sehr gute Gewürzmischungen, die authentisch und wunderbar schmecken. Sie sind zwar nicht gerade günstig, aber von einem guten und aromatischen Masala braucht man auch nicht viel. Ich habe mir ganz luxuriös ein paar Packungen Masala in verschiedenen Varianten von einer Öko-Gewürzfarm in Goa mitgenommen. Diese Mischungen sind nicht nur unglaublich lecker, sondern auch eine schöne Erinnerung an eine tolle Reise.

NUSSBUTTER

Zutaten für 125 g Butter
125 g Butter
1 Schalotte oder Lauchzwiebel
1 EL gehackte oder gemahlene Nüsse (Mandeln, Haselnüsse, Cashews)
Salz

Nach Belieben
Gewürze, z. B. Pfeffer, Masala, Kümmel, Chili, Senf, Meerrettich
gehackte Trockenfrüchte, z. B. Cranberrys, Aprikosen, Äpfel, Mangos

Zubereitung
Butter aus dem Kühlschrank nehmen und bei Zimmertemperatur mindestens 30 Minuten weich werden lassen. Anschließend mit den Quirlen des Handrührgeräts schaumig schlagen. Schalotte oder Lauchzwiebel abziehen bzw. waschen und klein schneiden. Mit den gehackten oder gemahlenen Nüssen unter die Butter rühren. Nach Belieben Gewürze und/oder Trockenfrüchte hinzufügen und mit Salz abschmecken.
Eine tolle Variante ist die Pistazienbutter: Dafür 80 bis 100 Gramm gemahlene Pistazien hinzufügen und mit scharfem Senf, Meerrettich und Salz abschmecken.

MIT
LEICHTIGKEIT
IN DEN MORGEN

HANDGEMACHTE UNTERLAGE

Du wirst es nicht glauben, aber die Unterlage für diese leckeren Buttermischungen, also die Brötchen, kannst du ebenfalls schnell selbst zubereiten. Es dauert nur rund 20 Minuten, die Zutaten zusammenzuwerfen und durchzukneten, Brötchen zu formen, diese aufs Backblech zu legen und 15 Minuten zu backen. Der Gang zum Bäcker dauert vermutlich länger. Und: Keine Angst vor Hefeteig. Die Schwierigkeit, einen solchen herzustellen, wird gründlich überschätzt. Beim folgenden Teig kannst du sogar das Gehenlassen überspringen – einfacher geht's nun wirklich nicht!

Das Mehl kannst du dir in guten Bioläden oder Reformhäusern beim Kauf von Getreide gleich mahlen lassen oder du bist im Besitz einer so tollen Sache wie einer Getreidemühle. Natürlich geht auch das Mehl aus der Packung, aber frisch ist einfach tausend Mal leckerer.

SCHNELLE FRÜHSTÜCKSBRÖTCHEN

Zutaten für ca. 10 Brötchen
1/2 Würfel frische Hefe
375 g Vollkornmehl, Dinkel oder Weizen, wenn möglich frisch gemahlen
1 gestrichener TL Salz
Kürbiskerne, Leinsamen, Sesam, Sonnenblumenkerne zum Bestreuen

Zubereitung
Backofen auf 225 °C (Ober-/Unterhitze) vorheizen. Ein Backblech mit Backpapier auslegen. Hefe in 250 Milliliter lauwarmes Wasser krümeln und glatt rühren. Mehl und Salz in einer Schüssel vermischen und das

Hefewasser dazugießen. Mit den Knethaken des Handrührgeräts zu einem glatten Teig verarbeiten und dann mit den Händen weiterkneten, bis der Teig nicht mehr an den Fingern kleben bleibt, aber auch nicht zerbröselt. Gegebenenfalls noch etwas Wasser bzw. Mehl hinzufügen. Je eine gute Handvoll Teig zu einer Kugel rollen, etwas flach drücken und auf das Blech legen. Nach Belieben mit Samen bestreuen und diese leicht andrücken. Auf der mittleren Schiene im Ofen ca. 20 Minuten backen. Dabei einen kleinen Topf mit Wasser unter das Blech stellen, damit die Brötchen nicht trocken werden. Sie sind fertig, wenn sie beim Draufklopfen mit dem Finger hohl klingen bzw. wenn der Teig innen trocken ist. Solltest du morgens keine Zeit haben, kannst du den Teig auch schon abends zubereiten und über Nacht in den Kühlschrank stellen.

PIKANTES OBST

Avocados gehören zu meinem Lieblingsobst – genau, Obst! Denn die Avocado ist kein Gemüse, sondern Mitglied der ehrenwerten Familie der Lorbeergewächse, botanisch eine roh genießbare Frucht, genauer, eine Beere. Die »Alligatorbirne«, wie sie manchmal auch schmeichelhaft genannt wird, birgt so einige gesundheitliche Highlights unter ihrer dunkelgrünen Schale: etwa reichlich einfach ungesättigte (gute!) Fettsäuren, Kalium, Vitamin A und E und den Radikalefänger Lycopin. Neben der Olive gehört die Avocado zu den fettreichsten Früchten; der hohe Anteil an ungesättigten Fettsäuren ist allerdings ein echter Cholesterinkiller und wird von Ärzten als ein solcher wärmstens empfohlen.

Die Avocado bietet also den perfekten und gesunden Frühstücksstart in den Tag, wenn du es gern pikant magst – wobei es interessanterweise gerade in der veganen Küche auch köstliche Kuchen- und Puddingrezepte mit Avocados gibt. Die einzige Tücke an der vielseitigen Wunderfrucht ist der richtige Verzehrzeitpunkt: Unreif sind sie kein besonderer Genuss und zu matschig dürfen sie auch nicht sein, weil sie dann neben schwarzen Stellen einen gruselig fauligen Geschmack entwickeln. Deswegen drücke das Obst ganz sanft, wenn du es im Laden vor dir hast. Die Avocado sollte etwas weich sein, aber nicht zu weich, dein Finger sollte keinen Abdruck in der Schale hinterlassen. Eine noch harte Avocado reift nach, wenn du sie bei Zimmertemperatur liegen lässt. Teste einfach immer wieder, ob sie schon weich ist, und lege sie nicht in den Kühlschrank – das killt das feine Aroma und stoppt den Reifeprozess. Wenn du nur eine Hälfte der Frucht verwendest, nimm die ohne Kern; die zweite Hälfte mit Kern bleibt noch bis zum nächsten Tag frisch. Etwas Limetten- oder Zitronensaft auf der Schnittstelle verhindert außerdem das Oxidieren des angeschnittenen Fruchtfleisches, das dadurch hässlich schwarz wird. Hier zwei schnelle und süchtig machende Serviervorschläge.

AVOCADO MIT GERÖSTETEN KÜRBISKERNEN

Zutaten
1/2 oder 1 Avocado, je nach Hunger
Limettensaft
1 EL Kürbiskerne
Salz, Pfeffer

Zubereitung
Avocado falls nötig halbieren und mit Limettensaft beträufeln. Die Kürbiskerne in einer Pfanne ohne Fett anrösten und die Avocado damit bestreuen. Salzen, pfeffern und auslöffeln!

AVOCADOCREME MIT FETA UND TOMATEN

Zutaten
1 Avocado
Limetten- oder Zitronensaft
Salz, Pfeffer
1 Knoblauchzehe
100 g Feta
4 Cocktailtomaten
1 Brötchen (Rezept siehe S. 146 f.) oder Vollkorntoast

Zubereitung
Avocado halbieren, entkernen, schälen, klein schneiden und mit etwas Limetten- oder Zitronensaft auf einem Teller oder in einer kleinen Schüssel mit einer Gabel zerdrücken. Mit Salz und Pfeffer würzen. Knoblauch abziehen, zerdrücken und unter die Avocadocreme rühren. Den Feta mit den Fingern zerbröseln, Tomaten waschen und halbieren. Brötchen oder Vollkorntoast mit der Avocadocreme bestreichen, mit Tomaten belegen und mit Feta bestreuen.

MIT
LEICHTIGKEIT
IN DEN MORGEN

FRÜHSTÜCK ÜBER NACHT

Bei den Recherchen für dieses Buch bin ich über eine klasse Idee gestolpert, die auch noch extrem lecker und praktisch ist: »Overnight Oats«. Die Idee ist so simpel wie genial: In einem dafür geeigneten, verschließbaren Glas legst du deine Hafer- (= Oats) oder sonstigen Flocken mit leckeren Zutaten in etwas Flüssigkeit ein. Über Nacht bleibt das Gefäß im Kühlschrank, und morgens ergibt sich daraus ein Töpfchen mit köstlich frischem Brei.

Die Rezepte für die Oats gibt es entweder kostenlos im Internet – zum Beispiel auf der Homepage der Biologin Dr. Jutta Fischer und des Journalisten Jens Fischer –, oder du lädst dir ihr E-Book mit insgesamt 31 Rezepten gegen eine geringe Gebühr herunter. Es heißt zwar *Abnehmen mit Overnight Oats,* aber ich nehme einfach immer ein bisschen mehr, als im Rezept steht. Denn abnehmen will ich nicht, nur auf angenehme Art gründlich satt werden – und das klappt super mit einem Glas zum Frühstück!

Du kannst jede Art von Flüssigkeit verwenden; ich nehme statt Milch, Haferdrink, Kokosmilch oder ein 1:1-Gemisch aus Wasser und Sahne. Als Gefäß finde ich kleine Einmachgläser am besten, weil man sie gut verschließen und auch gut mit nehmen kann.

GRUNDREZEPT »OVERNIGHT OATS«

Zutaten für 1 Portion
3 EL Haferflocken
Flüssigkeit zum Aufgießen

Nach Belieben
Obst, z. B. gefrorene oder frische Himbeeren
Quark oder Joghurt
Nüsse
Gewürze

Zubereitung
Haferflocken am Vorabend in ein Glas oder eine Schale geben und mit der Flüssigkeit aufgießen. Umrühren ist nicht nötig. Weitere Zutaten nach Belieben entweder untermischen oder über den Haferflocken-Flüssigkeits-Mix schichten. Gefäß verschließen und über Nacht in den Kühlschrank stellen. Morgens ist alles fertig – vielleicht noch einmal süßen oder Obst, Nüsse und weitere Flüssigkeit hinzufügen und genießen.

TEE ODER KAFFEE?

Ob du nun frühstückst oder nicht – trinken solltest du auf jeden Fall etwas am frühen Morgen. Die ein bis vier japanischen Wassergläser solltest du unbedingt konsumieren. Zum Frühstück gibt es bei uns Mitteleuropäern dann meist Kaffee oder Tee. Gerade über den Kaffee kursieren zahlreiche Mythen, die einen verwirren können: Mal ist er gesund und wird gelobt, dann wieder total schädlich und wird verdammt. Und bloß nicht auf

MIT
LEICHTIGKEIT
IN DEN MORGEN

nüchternen Magen trinken und nicht am Morgen und nicht mit Süßem zusammen ... und so weiter. Mein Tipp: Höre auf deinen Körper und mach, was dir am besten bekommt. Ich kann zum Beispiel unmöglich Kaffee am frühen Morgen trinken, auf nüchternen Magen schon gar nicht, denn mir wird einfach schlecht davon. Gegen Mittag finde ich einen richtig guten Espresso allerdings wunderbar und anregend.

Fakt ist jedenfalls, dass der Cortisolspiegel (du erinnerst dich?) am Morgen nach dem Aufstehen im Allgemeinen sehr hoch und der Koffeinschub somit eigentlich unnötig ist. Der Kaffee wird dich also nicht wacher machen. Außer du hast bisher alles ignoriert, was in diesem Buch stand, bist vom Wecker aus dem Tiefschlaf gerissen worden und hast dich weder gerekelt noch Wasser getrunken noch bewusst geatmet noch Yoga gemacht. Dann ist der Cortisolspiegel vermutlich noch niedrig, und du bist superschlapp.

Allerdings scheint der Glaube, ohne Kaffee würde man den Tag gar nicht beginnen können, auch so ein Mythos zu sein. Ich vermute mal ganz kühn, dass es eher das tägliche Ritual ist, das munter macht – die Assoziation unseres formbaren Gehirns, das Kaffee mit Wachheit und Munterkeit verknüpft. Das ist ja auch in Ordnung. Ich zum Beispiel trinke am Morgen eine ganze Kanne grünen Jasmintee, der mit Koffein vollgepackt ist, und bilde mir genauso ein, ich würde ohne meinen geliebten Tee nicht in die Gänge kommen. Das hat sich jedoch schon ein paar Mal als Irrglaube erwiesen. Als ich bei verschiedenen Gelegenheiten keinen grünen, sondern nur Kräutertee, der kein Koffein enthält, bekommen konnte, war ich nämlich auch nicht müder oder schlapper.

Es gibt im Übrigen Grünteesorten, die mehr Koffein enthalten als Kaffee. Allerdings ist das Koffein im Tee im Allgemeinen besser verträglich als das im Kaffee, weil es an Gerbsäure und verschiedene Aminosäuren gebunden ist. Koffeinsensible Menschen wie ich vertragen den Stoff dann besser, weil der Körper und das Nervensystem sanft angeregt und nicht aufgeregt werden. Der Weisheit letzter Schluss, wie immer: Hör auf dich und deinen Körper und sei achtsam. Verändere ruhig auch mal die Gewohnheiten, um dich wieder neu kennenzulernen.

Neben Tee (auch Kräutertee) oder Kaffee gibt es aber auch andere Möglichkeiten, den Flüssigkeitshaushalt ins Gleichgewicht zu bringen: Das indische Ayurveda schwört zum Beispiel auf den gesundheitsfördernden Effekt von heißem Wasser, das zehn Minuten auf dem Herd gekocht einen leckeren, süßlichen Geschmack annimmt. Mit etwas frischem Ingwer gekocht, ist das Wasser auch ein herrliches Getränk, das im Winter wärmt, allzeit verdauungsfördernd wirkt und ebenfalls munter macht.
Ich bevorzuge, besonders von Dezember bis April, ein Glas frisch gepressten Orangensaft. Ich mische dafür die »blonden« Navel-Orangen mit Blutorangen, Marke Tarocco oder Moro in Bioqualität. Köstlich, aromatisch und sehr gesund.
Ein Zwischending zwischen fester Nahrung und Getränk sind Smoothies. Allerdings werde ich mich darüber nicht auslassen (können), denn ich persönlich kann dem Trend nichts abgewinnen. Warum ich Gemüse und Obst aller Art zerquetschen und in flüssiger Form zu mir nehmen soll, hat sich mir nie erschlossen... Dennoch schwört der eine oder die andere in meinem Bekanntenkreis darauf – und es gibt ja inzwischen auch genug Literatur über Smoothies, wenn dich das Thema interessiert.

DER MORGEN MIT KINDERN

Mir ist bewusst, dass viele meiner Vorschläge vor allem für Menschen wie mich geeignet sind: Ich muss mich im Allgemeinen nur um mich selbst kümmern. Meine Tochter ist erwachsen, mein Lebensgefährte auch ... Wenn du also Kinder hast, musst du sicher viele Ideen abwandeln, besonders wenn die Kinder noch klein sind. Am besten wäre es, die Kleinen einzubeziehen – bei Yogaübungen zum Beispiel ist das normalerweise kein Problem. Kinder finden die Tierasanas ganz toll. Auch die Atemübungen kann man durchaus mit Kindern ausführen. Mantras oder Kinderlieder zu singen macht allen gute Laune, und eine kleine Aus-dem-Fenster-schauen-Meditation ist sicher auch für den Nachwuchs eine interessante Angelegenheit – wir können von ihrem unverstellten und fantasievollen Blick viel lernen. Wahrscheinlich kannst du dann nicht alles so geordnet durchziehen und musst hier und da Kompromisse eingehen, aber ich bin mir sicher, dass eine kleine, bewusste Morgenroutine auch für deine Kinder eine große Bereicherung sein kann.

Im Übrigen gibt es auch für Kinder und sogar für Babys inzwischen tolle Lichtwecker. Gerade für die beeindruckbaren Nervensysteme von Kindern ist ein sanftes Aufwachen sehr wichtig; aber natürlich ist jedes Kind anders, und vielleicht mag deines nicht durch die simulierte Dämmerung geweckt werden. Studien gibt es wohl noch keine zu diesem Thema, aber gerade Kindern mit dem sich entwickelnden Hormonhaushalt müsste ein sanftes Aufwachen sehr guttun.

Alle Tipps, die die Vorbereitung am Abend betreffen, kann man mit den Kindern zusammen erledigen. Die Overnight Oats sind auch eine leckere Alternative für die Kleinen, und du kannst das Gläschen für dein Kind zusammen mit ihm vorbereiten und mit den Zutaten herumexperimentieren. So habt ihr morgens auch mehr Zeit für andere schöne Sachen wie ein bisschen Yoga.

Auch hier gilt: Versuche, offen zu sein. Es geht nicht um Disziplin oder darum, ein Programm durchzuziehen, sondern um bewusste Entscheidungen. Von authentischen Erwachsenen, die ihre Entscheidungen von innen heraus treffen, lernen Kinder ohnehin am meisten.

KAPITEL 3

MORGENSTUND HAT ÖFTER MAL BLEI IM MUND

So, hier, fast am Ende des Buches, mal die Wahrheit auf den Tisch: Auch ich wache manchmal morgens auf und denke: »Was war gestern?!? War das ein Albtraum? Oh nein, die Wahrheit!« oder: »Wie soll ich bitte den Tag durchstehen??? Lass mich hier liegen, ich will nicht aufstehen.« Natürlich geht es mir auch so, alles andere wäre schamlos gelogen. Dieser ganze Selbstoptimierungswahn geht mir sowieso auf die Nerven: Zweifel? Gibt es nicht! Unmotiviertheit? Unsinn, kann man alles in den Griff kriegen. Negative Gefühle? Papperlapapp, wir denken stets positiv! Grässlich. Wehe, du bist nicht gut drauf, energiegeladen, schön, durchtrainiert, schlank, spirituell, empathisch, ehrgeizig, zielstrebig... Ein Teufelskreis, der, wenn es ganz blöd läuft, mit Antidepressiva endet.

Nein, das Leben ist nicht so, du kannst nicht immer obenauf sein. Das Leben ist eine Achterbahn, daran kann man einfach nicht rütteln. Mal sind wir oben und blicken fröhlich auf die Welt hinab, dann rauschen wir wieder mehr oder weniger schnell nach unten und empfinden diesen Planeten als Jammertal. Ich schreibe dieses Kapitel auch in einer privat sehr schwierigen Situation und sehe mir das Fahrgeschäft gerade von unten an.

Aber im Gegensatz zu früheren Zeiten, in denen mir die Instrumente Yoga, Pranayama, Achtsamkeit und Meditation nicht zur Verfügung standen, sehe ich jetzt, dass es wieder bergauf gehen wird und ich auch wieder fröhlich die Vogelperspektive einnehmen werde. Und ich habe durch diese Methoden sehr viel mehr Selbstwirksamkeit und damit auch Resilienz entwickelt. Resilienz bedeutet: Ich habe mithilfe von Yoga gelernt, dass ich stärker und flexibler bin, als ich es je vermutet hätte, dass ich viel mehr bewusste Entscheidungen treffen kann, die letztendlich zu meinem Wohlbefinden und zu innerer Ruhe beitragen und mich schwierige Situationen leichter meistern lassen. Achtsamkeit und Meditation haben mich gelehrt, dass alle Gefühle und Gedanken einen flüchtigen und vorübergehenden Charakter haben, dass nichts meinen innersten, edlen und intakten Kern zerstören kann. Pranayama weiß ich inzwischen als sehr wirksame Notfallmethode zu schätzen. In emotional schwierigen Situationen kann ich Angst, Wut und Trauer »beatmen«, sie durchleben und so wieder schneller gehen lassen. Der Anteil an Drama hat sich in meinem Leben auf einen Bruchteil reduziert – und ich war früher durchaus eine Drama Queen!

ÖFFNE DEIN HERZ FÜR DICH

Sollte sich der Morgen in Zukunft mal wieder anfühlen wie eine bleierne Decke, die sich auf dich herabsenkt, um deine Motivation, Energie und Lebenslust unter sich zu begraben, stemme dich dem mit liebevoller Hingabe entgegen. Klingt widersprüchlich? Nur scheinbar, denn so, wie das weiche Wasser alle Widerstände mit der Zeit aushöhlt oder wegschwemmt, so wird dein Mitgefühl für dich selbst deine inneren Widerstände auflösen.

KAPITEL 3

Ich habe schon in der *Kunst, Yoga & Achtsamkeit im Alltag zu leben* postuliert: Hab dich lieb! Wann immer ich die Bleidecke auf mir lasten spüre, nehme ich mich nicht nur im übertragenen, sondern im wahrsten Sinne des Wortes selbst in den Arm und schenke mir erst mal liebevolle Zuwendung. Ich und du, wir haben es verdient, uns wie unseren besten Freund zu behandeln. Schließlich müssen wir ein Leben lang mit uns selbst auskommen!

Ich lege mir auch gern nach einem schwierigen Aufwachen die linke Hand aufs Herz und die rechte auf den unteren Bauch. Erinnerst du dich an die Chakras, an Herz und Leidenschaft? Ich versuche, mich mit meinem Herzen und meiner Motivation und Lebensfreude zu verbinden. Du kannst dir dabei auch die Chakrafarben vorstellen, in diesem Fall Grün und Orange, um schon mal Farbe ins Grau zu bringen. Natürlich kannst du andere Chakras miteinander verbinden, je nach Lebensthema und -gefühl. Nur erinnere dich: Das Herzchakra ist immer Dreh- und Angelpunkt. Ein offenes Herz klärt viele Irrtümer, beruhigt den Geist und stärkt dein Vertrauen.

Vielleicht gibt es für dich auch ein schönes Buch, aus dem du Erbauliches schöpfen kannst. Ich habe so ein wunderbares Buch immer auf dem Nachttisch liegen: *Ein Leben in Mitgefühl* von Robert Gonzales. Ich brauche es nur aufschlagen und einfach das lesen, was gerade auf der Seite steht. Jedes Wort in diesem Buch ist mit Weisheit und Herzensgüte erfüllt und hellt meine Stimmung sofort auf.

Eine ganz wunderbare Methode, sich selbst der beste Freund zu sein und sich mit sich und der Welt zu versöhnen, hat die Amerikanerin Kristin Neff, Professorin für Psychologie an der Universität in Austin/Texas, entwickelt. Ähnlich wie Jon Kabat-Zinn mit dem MBSR – Mindfulness-Based Stress Reduction (Achtsamkeitsbasierte Stressreduktion) – hat die Psychologin ein achtwöchiges Programm entwickelt, mit dem das Selbstmitgefühl erlernt und geübt werden kann, siehe Anhang.

MINDFUL SELF-COMPASSION (MSC) – ACHTSAMES SELBSTMITGEFÜHL

Selbstmitgefühl beginnt genau dort, wo wir uns selbst nicht ausstehen können: all die kleinen oder großen Dinge, die wir als Fehler sehen, die Unfähigkeiten und unangenehmen Eigenschaften, die das Selbstwertgefühl mehr oder weniger subtil aushöhlen. Die Psychologin Kristin Neff geht davon aus, wer ständig seinen Wert durch Bewertung und Vergleich messen muss, senkt automatisch sein Selbstwertgefühl. Im Vergleich mit anderen kann man immer nur verlieren. Es gibt immer jemanden, der erfolgreicher und klüger, spiritueller, sportlicher oder künstlerisch begabter ist als man selbst.

Kristin Neff steckte selbst nach einer gescheiterten Ehe in der Krise, als sie Sharon Salzbergs Klassiker *Metta Meditation – Buddhas revolutionärer Weg zum Glück* zu lesen begann. Metta stammt aus dem altindischen Pali und bedeutet so viel wie liebende Güte. Die Metta-Meditation ist eine der von Buddha direkt überlieferten Meditationen und geht davon aus, dass jedes Lebewesen Mitgefühl verdient. Zunächst geht es darum, tiefes Mitgefühl für sich selbst zu entwickeln und dies auf die Menschen auszudehnen, die einem nahestehen. Weiter bezieht der Meditierende dann auch die Menschen in sein Mitgefühl mit ein, die er oder sie nicht mag oder mit denen man Schwierigkeiten hat, und schließlich den ganzen Planeten mit allen lebenden Wesen. Die Metta ist eine hochwirksame Methode, wie diverse Studien belegen, um unter anderem Verbundenheit und Toleranz zu fördern.

Die Lektüre von Sharon Salzbergs Buch über die Metta veränderte Kristin Neffs Sicht auf die bisherigen psychologischen Konzepte von Selbstwert und gesunder Selbstkritik. Das Erreichen eines guten Selbstwertgefühls, wie es lang in der Psychologie angepeilt wurde, führe zu einem Gefühl der Unzulänglichkeit und Scham, so Neff. Selbstkritik, sei sie auch noch so gesund gemeint, betone die Unzulänglichkeiten und gehe von einem Idealbild aus, das ohnehin kaum erreichbar sei.

Zur Erklärung fügt die Psychologin hinzu, dass jeder Gefühlsschwankungen ausgesetzt sei; es sei schlicht nicht möglich, sich immer wertvoll zu fühlen.

Viel wirksamer ist es, die Gefühle von Minderwertigkeit und Zweifel bewusst wahrzunehmen und sich selbst wie seinen besten Freund zu behandeln. Einem nahestehenden Menschen würde man eher Mut zusprechen, ihn in den Arm nehmen und ihm Zuwendung schenken, als ihn zu kritisieren, zu verurteilen oder sich über seine Selbstzweifel zu ärgern. Selbstmitgefühl unterscheidet sich in seiner Qualität auch deutlich von Selbstmitleid: Es sind keine quälenden Gefühle, die hier vorherrschen, sondern liebevolles Verständnis, Freundlichkeit und ein offenes Herz.

In ihrem Buch *Selbstmitgefühl* beschreibt Neff nützliche Übungen, wie das Selbstmitgefühl praktiziert werden kann. Darüber hinaus hat die Psychologin ein achtwöchiges achtsamkeitsbasiertes Programm entwickelt, genannt MSC (Mindful Self-Compassion). Hier eine kurze Anleitung zu einer Selbstmitgefühlsmeditation, eine Abwandlung der klassischen Metta:

Finde eine bequeme Haltung, sitzend oder liegend, in der du die nächste Viertelstunde verweilen kannst. Nimm zwei tiefe Atemzüge, schließe die Augen und lege eine Hand auf den Herzbereich oder Bauch. Spüre die Wärme der Hand und gib dir über diese Geste selbst liebevolle Aufmerksamkeit. Lege die Hand wieder ab, auf den Boden oder den Oberschenkel, je nach Haltung. Atme bewusst in Brust oder Bauch und spüre die Atmung als beruhigendes und achtsames Schaukeln. Rufe dir nun das Bild einer Person oder eines Lebewesens ins Gedächtnis, jemand, zu dem oder der du eine ganz entspannte, herzerwärmende Beziehung hast. Das kann auch ein Haustier sein. Spüre, wie sich das deutliche und lebendige Bild dieses Wesens auf deine körperlichen Empfindungen auswirkt. Erkenne, dass auch diese Person glücklich sein möchte, und sprich im Stillen die Worte: Mögest du glücklich sein, mögest du in Frieden leben, mögest du gesund sein, mögest du in Leichtigkeit leben. Vielleicht hast du auch einen ganz besonderen Wunsch für diese Person, da du vermutlich ihre Lebenssituation kennst. Wenn deine Gedanken abschweifen, rufe dir als Anker wieder das Bild und die Sätze ins Gedächtnis.

Spüre nach, was die Worte und Gedanken an das Wesen in dir auslösen. Genieße das Gefühl mit allen Zellen deines Körpers.

Nun bringe dich selbst mit ein, stell dir vor, dass du ganz nah bei dieser Person stehst. Sprich die Worte der liebenden Güte: Mögen wir glücklich sein, mögen wir in Frieden leben, mögen wir gesund sein, mögen wir in Leichtigkeit leben.

Nun nimm dich selbst in die Mitte und lege noch einmal die Hand auf Herz oder Bauch. Die andere Person verschwindet im Hintergrund. Nimm alles wahr, was du in dir spüren kannst, und sprich die Worte für dich selbst: Möge ich glücklich sein, möge ich in Frieden leben, möge ich gesund sein, möge ich in Leichtigkeit leben.

Verweile noch einen Moment bei diesem Herzenswunsch und spüre, wie sich die Worte anfühlen. Atme tief ein und komme wieder auf der Unterlage an, spüre die Luft auf deiner Haut und beende die Übung, indem du die Augen öffnest.

SCHRITT FÜR SCHRITT ZUR MORGENROUTINE

SCHRITT FÜR
SCHRITT ZUR
MORGENROUTINE

STRUKTURIERTE ANNÄHERUNG

Sich eine Struktur zu schaffen, um neue Gewohnheiten einzutrainieren, ist grundsätzlich eine gute Idee. Da ich dir in diesem Buch eine ganze Halde von Vorschlägen präsentiert habe, mag es dir im Moment schwierig vorkommen, etwas für dich Passendes herauszupicken. Deswegen stelle ich dir im Folgenden Strategien zu verschiedenen Themen zusammen. So kannst du Schritt für Schritt ausprobieren, was dir zusagt, und die Routine auch immer wieder wechseln, damit keine Langeweile aufkommt.

YOGA: ES GIBT NICHTS GUTES …

… außer man tut es, und das gilt ganz besonders für das Yoga. Denn hier hilft wirklich nur das Ausprobieren, anders findest du nicht heraus, welche Übungen dir guttun und welche deinen Bedürfnissen im Augenblick vielleicht weniger entsprechen. Bei den Übungen, die du gar nicht magst, solltest du allerdings aufmerksam hinschauen: Warum ist das so? Fühlst du dich danach unwohl? Dann lass sie sein. Gibt es Widerstände während der

Übung? Dann versuche, genau wahrzunehmen, welche und warum. Oft liegt eine deutliche Verkürzung in den Muskeln vor, die die Asana ungemütlich macht, zum Beispiel beim Herabschauenden Hund in den Rückseiten der Beine. Dann beuge die Beine mehr oder nimm die beiden Blöcke unter die Hände. Gerade die verkürzte Muskulatur braucht Dehnung, aber nicht zu viel davon. Mit purem Willen sind die Muskeln nicht davon zu überzeugen, sich lang zu machen, das hatte ich ja weiter vorn schon erklärt. Wird es dir hingegen schwindlig, wenn dein Kopf nach unten hängt, dann lass den Hund lieber aus und geh alternativ in den Vierfüßler. Verfahre immer so, um dich kennenzulernen, um herauszufinden, was dir guttut und was nicht – auch das ist Yoga.

MEDITATION – JEDE MINUTE ZÄHLT

Um dich der Meditation anzunähern, habe ich gleich mal zwei Vorschläge parat. Zunächst ist meistens die Dauer der Meditation das Thema – schon gleich am Anfang mit einer Viertelstunde Sitzen zu beginnen, wenn du es noch nie vorher gemacht hast, wird dich vermutlich überfordern. Nimm dir einfach vor, jeden Tag eine Minute länger zu sitzen, acht Tage lang. Du beginnst mit fünf Minuten und bist am achten Tag bei zwölf Minuten. Dann kannst du am neunten Tag locker 15 Minuten meditieren und natürlich, wenn du willst und kannst, die Zeit danach noch weiter ausdehnen. Je länger, desto tiefer und nachhaltiger ist der Effekt der Meditation, aber noch wichtiger ist die Regelmäßigkeit. Wenn du jeden Tag fünf Minuten sitzt, hat dein Nervensystem mehr davon, als wenn du einmal in der Woche eine halbe Stunde meditierst.

SCHRITT FÜR
SCHRITT ZUR
MORGENROUTINE

SIEBEN-TAGE-CHAKRAREISE

Die Chakras habe ich dir ja schon ausführlich bei den Bija-Mantras vorgestellt (siehe S. 133). Nun kannst du deine Meditation mit den Chakras verbinden – jeden Tag eine Woche lang. Lege dir dafür zu Beginn der Meditation die Hände auf das jeweilige Chakra, also für das Wurzelchakra auf das Schambein, für das Sakralchakra auf den unteren Bauch, für das Nabelchakra auf den Solarplexus über dem Nabel auf den oberen Bauch, für das Herzchakra auf das Brustbein und für das Kehlchakra auf den Kehlkopf. Stirnchakra und Scheitelchakra erklären sich selbst. Am besten legst du deine Hand nur kurz und zu Beginn auf das jeweilige Chakra, damit dein Arm nicht zu schwer wird und dich ablenkt. Stelle dir auch die zugeordnete Farbe vor und, wenn du willst, singe auch das entsprechende Bija-Mantra dazu.

Du kannst dir auch einen passenden Satz überlegen, zum Beispiel für das Wurzelchakra: Ich habe Vertrauen. Vielleicht kann dich dein Satz über den Tag inspirieren, indem du ihn dir immer wieder ins Gedächtnis rufst. Im Folgenden findest du ein paar Satzbeispiele für alle Chakras; du kannst die Sätze selbstverständlich an deine Bedürfnisse und Situation anpassen oder dir eigene überlegen.

- Wurzelchakra: Ich vertraue dem Leben.
- Sakralchakra: Ich bin leidenschaftlich bei der Sache (bei welcher Sache, kannst du dir überlegen).
- Nabelchakra: Ich vertraue meinem Bauchgefühl/meiner Intuition.
- Herzchakra: Ich begegne meinen Mitmenschen (Familie, Partner, Kollegen, Frau X.) mit offenem Herzen.
- Kehlchakra: Ich kommuniziere verständlich und klar.
- Stirnchakra: Ich bin inspiriert.

Für das Scheitelchakra empfehle ich Stille. Versuche, den Raum zwischen den Gedanken zu erfassen. Das erfordert etwas Übung und gelingt am Anfang vielleicht gerade mal ansatzweise, aber wenn du deine Meditation weiterführst, wirst du der Stille immer näher kommen.

Eine Variante dieser Meditation wäre es, dir jeden Tag der Woche passend zum Chakra ein anderes Thema vorzunehmen, ausgedrückt in nur einem Wort. Ich schlage im Folgenden je zwei zur Auswahl vor, aber vielleicht hast du noch eine andere Assoziation? Beobachte, was dieses Wort in dir auslöst, wie es sich im Körper anfühlt, welche Bilder und Gedanken auftauchen. Vielleicht kann dich das Wort durch den Tag begleiten?

- Wurzelchakra: Vertrauen/Struktur
- Sakralchakra: Leidenschaft/Kreativität
- Nabelchakra: Intuition/Durchsetzungskraft
- Herzchakra: Liebe/Großzügigkeit
- Kehlchakra: Kommunikation/Selbstausdruck
- Stirnchakra: Inspiration/Lebensvision

EINFACH AUFSCHREIBEN

Du kennst das sicher: Du hast ein kniffliges Problem oder musst eine schwierige Entscheidung treffen, schläfst mit den Gedanken daran ein und wachst auch wieder damit auf. Meistens wischen wir die Gedanken dann wieder weg, um der Tagesroutine zu folgen, oder verfallen sofort in grausiges Grübeln. Beides wird die Frage nicht lösen, im zweiten Fall wird deine Laune vermutlich auch noch ordentlich leiden. Eine faszinierende Methode, sich effektiv und dennoch tiefgehend mit seinem Innenleben zu beschäftigen, ohne sich darin zu verlieren, ist das Aufschreiben des allerersten Gedankens, der dir beim Aufwachen in den Kopf hüpft. Es reichen zwei bis drei Sätze, die nicht druckreif sein müssen. Lege dir abends schon Stift und Zettel auf den Nachttisch und schreibe ungefiltert nach dem Recken und Strecken auf, was daherkommt. Es ist in etwa wie mit den Listen am Abend: Die Gedanken sind raus und auf Papier abgelegt und noch dazu tauchen sie direkt aus deinem Unterbewusstsein auf. Aus einem Bereich, der uns im Tagesbewusstsein kaum zugänglich ist und der eng mit der Intuition verknüpft ist. Du kannst diese Übung natürlich auch machen, wenn dich gerade kein kniffliges Problem beschäftigt – interessant ist es auf jeden Fall, was so im Gehirn herumspukt! Diese Übung bringt dich deinem Inneren und der Gegenwart näher, dem Ziel der Achtsamkeit. Achtsam zu sein ist immer ein guter Start in den Tag, auch wenn dein erster Gedanke sorgenvoll, ängstlich oder wütend sein sollte. In der Achtsamkeit gibt es kein positiv oder negativ, nur Präsenz und Wahr-Nehmung. Das Aufschreiben wird dir auch bei »negativen« Gedanken und Emotionen helfen, diese Zustände zu erkennen und schneller zu überwinden.

DAS BESTE ZUM SCHLUSS: TRÄUME BEACHTEN UND LEBEN

Auch deinen Träumen kannst du schriftlich Beachtung schenken – das Träumen ist wie die Reise in eine faszinierende Innenwelt. Meist vergessen wir unsere Träume gleich nach dem Aufwachen oder haben im besten Fall so gut geschlafen, dass wir uns nicht an sie erinnern. Kurz nach dem Aufwachen sind die inneren Bilder oft noch präsent: Wenn du dann schnell bist, kannst du noch einmal abtauchen. Ich liebe dieses Aufschreiben von Träumen, es ist immer wieder erstaunlich, interessant und aufschlussreich.

KAPITEL 4

Und zum Abschluss verrate ich dir: Dieses Buch habe ich ebenfalls geträumt! Ich bin eines Morgens aufgewacht und hatte tatsächlich geträumt, dass ich ein Buch über den »guten Morgen« schreiben sollte. Ich hatte vor meinem Traumauge alle Kapitel und auch ein paar Bilder gesehen. Freundlicherweise fand der Verlag diesen Traum auch ansprechend, und so habe ich einfach meinen Traum aufgeschrieben. In der Extended Version natürlich... Danke, dass du diesen Traum sozusagen mit mir teilst!
Ich hoffe, du kannst auch am Tag noch weiterträumen, dich darüber hinaus mit deinem Wurzelchakra verbinden und ein paar von deinen wichtigen kleinen oder großen Visionen verwirklichen. Das Wichtigste und Beglückendste im Leben ist es, sich selbst zu erkennen, anzunehmen und darauf fußende bewusste Entscheidungen zu treffen, in jeder Sekunde des Lebens und in voller Selbstverantwortung.

In diese Sinne wünsche ich dir einen guten Morgen, einen wunderbaren Tag und ein schönes Leben!

ZUM WEITERLESEN

SCHLAF

Joseph Emet: *Buddhas kleines Buch vom Schlaf*, Heyne Verlag (2015)

Chronotypen-Test der LMU München:
https://www.bioinfo.mpg.de/mctq/core_work_life/core/introduction.jsp?language=deu

Häufigkeit und Verteilung von Schlafproblemen und Insomnie in der deutschen Erwachsenenbevölkerung – Studie zur Gesundheit Erwachsener (DEGS1):
http://schlafmedizin-berlin.de/material/Schlack.Cohrs.2013.pdf

DAK Gesundheitsreport: https://www.dak.de/dak/bundes-themen/muedes-deutschland-schlafstoerungen-steigen-deutlich-an-1885310.html

Schlaftagebuch zum Herunterladen: http://www.dgsm.de/fachinformationen_frageboegen_schlaftagebuecher.php

YOGA

Inga Heckmann: *Von der Kunst, Yoga & Achtsamkeit im Alltag zu leben*, Irisiana (2015)

Christine Ranzinger: *Sanftes Yoga*, Irisiana (2017)

Christine Ranzinger: *Yoga Nidra*, Trias (2016)

Toller Abendflow für Anfänger von meiner Kollegin Barbra Noh (40 Minuten):
https://www.youtube.com/watch?v=li-K9QiQJRE

MEDITATION UND ACHTSAMKEIT

Dalai Lama: *Mit weitem Herzen*, Theseus (2017)

Doris Iding: *Entschleunigen*, GU Mind & Soul (2017)

Robert Gonzales: *Ein Leben in Mitgefühl*, Arbor (2016)

Kristin Neff: *Selbstmitgefühl*, Kailash (2012)

Richard Stiegler: *Im Einklang leben*, Arbor (2017)

FRÜHSTÜCK

Tolles Frühstück über Nacht: Overnight Oats
http://overnight-oats.de/

Das Märchen vom wichtigen Frühstück:
http://www.huffingtonpost.de/2016/06/23/marchen-fruhstuck_n_10631472.html

MUSIK UND MEDITATION

21 Minuten Bija-Mantra:
https://www.youtube.com/watch?v=ELXAiHrZAto

MC Yogi – Chakra Beatbox mit Bija-Mantra:
https://www.youtube.com/watch?v=H8VAnzW_9AA
Extended Version Chakra Beat Box fürs Wochenende – 60 Minuten mit tollen bunten Bildern:
https://www.youtube.com/watch?v=b7JSoO3pFS8 –

Yoga Nidra – Anleitung 56 Minuten (deutsch):
https://www.youtube.com/watch?v=0xOW790y2BA

Miten & Deva Premal (CD): *Soul in Wonder* (mit Lokah samastha sukhino bhavantu)

Into (CD mit Inga Heckmann & Thomas Simmerl), First Motion

DANKE!

Mein Dank geht auch bei diesem Buch an all die tollen Menschen in meinem Leben, die es immer wieder bereichern und die mich mit ihrer puren Anwesenheit inspirieren: allen voran meine Cheflektorin und Erstleserin, meine liebe Mama Brigitte Klump, unerschütterlich in ihrem Optimismus und ihrer Kraft, obwohl sie schon über acht Jahrzehnte auf diesem verrückten Planeten weilt. Danke, Mami.

Meine unglaublich coole und dabei herzensgute Tochter Rabea, die nie mit trockenen und trotzdem weiterführenden Kommentaren spart (ich sag nur: »altersgemäß«). Danke, Mausi. Mein Liebster, der mich jetzt schon über drei Jahrzehnte begleitet und immer wieder eine Quelle der Inspiration, Reibung und Horizonterweiterung ist und es hoffentlich noch länger sein wird. Danke, Darling. Und nicht zuletzt danke an meine treuen, schlauen und witzigen Freunde, ohne die das Leben weniger bunt und erfreulich wäre!

Yoga –
zu jeder Zeit, an jedem Ort

160 Seiten | 16,99 € (D) | ISBN 978-3-424-15294-4

Einmal pro Woche für eine Stunde ins Yogastudio? Und dann? – Viele schaffen es nicht, die Entspannung mit nach Hause zu nehmen und dort auch alleine Yoga zu praktizieren. Dieses Buch zeigt, wie man mit Leichtigkeit eine eigene Yogaroutine entwickelt. Asanas und Achtsamkeit sorgen für eine nachhaltige Entschleunigung, sowohl im Büro als auch in der Freizeit.

Weiter Infos unter www.irisiana.de

IMPRESSUM

1. Auflage 2018
© 2018 by Irisiana Verlag, einem Unternehmen der Verlagsgruppe Random House GmbH,
Neumarkter Straße 28, 81673 München.

Die Verwertung der Texte und Bilder, auch auszugsweise, ist ohne Zustimmung des Verlags urheberrechtswidrig und strafbar. Dies gilt auch für Vervielfältigungen, Übersetzungen, Mikroverfilmung und für die Verarbeitung mit elektronischen Systemen.

HINWEIS
Die Ratschläge/Informationen in diesem Buch sind von Autorin und Verlag sorgfältig erwogen und geprüft, dennoch kann eine Garantie nicht übernommen werden. Eine Haftung der Autorin bzw. des Verlags und seiner Beauftragten für Personen-, Sach- und Vermögensschäden ist ausgeschlossen.

Der Verlag weist ausdrücklich darauf hin, dass bei Links im Buch zum Zeitpunkt der Linksetzung keine illegalen Inhalte auf den verlinkten Seiten erkennbar waren. Auf die aktuelle und zukünftige Gestaltung, die Inhalte oder die Urheberschaft der verlinkten Seiten hat der Verlag keinerlei Einfluss. Deshalb distanziert sich der Verlag hiermit ausdrücklich von allen Inhalten der verlinkten Seiten, die nach der Linksetzung verändert wurden, und übernimmt für diese keine Haftung.

BILDNACHWEIS
Illustrationen: Daphne Patellis, München
Textur: Fotolia/Peter Hermes Furian

PROJEKTLEITUNG
Nikola Teusianu

REDAKTION
Dr. Ulrike Kretschmer, München

BILDREDAKTION
Annette Mayer

UMSCHLAGGESTALTUNG
Geviert, München, unter Verwendung einer Illustration von
© shutterstock/Shymko Svitlana, arigato, bioraven, eKreativn

LAYOUT
Claudia Hautkappe, München

SATZ
Satz: KompetenzCenter, Mönchengladbach

REPRODUKTION
Regg Media GmbH, München

DRUCK UND BINDUNG
DZS Grafik d.o.o.
Printed in Slovenia

MIX
Papier aus verantwortungsvollen Quellen
FSC® C112556

Verlagsgruppe Random House FSC® N001967

ISBN: 978-3-424-15327-9